100 CÃES
QUE MUDARAM
A CIVILIZAÇÃO

Título original: *100 dogs who changed civilization*
Copyright © 2007 by Quirk Productions, Inc.
Originalmente publicada em inglês pela Quirk Books, Filadélfia, Pensilvânia. Esse livro
foi negociado pela agente literária Ute Körner, S.L; Barcelona – www.uklitag.com

Todos os direitos reservados. Nenhuma parte desta obra pode ser reproduzida ou
transmitida por qualquer forma ou meio eletrônico ou mecânico, inclusive fotocópia,
gravação ou sistema de armazenagem e recuperação de informação, sem a permissão
escrita do editor.

Direção editorial
Soraia Luana Reis

Editora
Luciana Paixão

Editor assistente
Thiago Mlaker

Assistência editorial
Elisa Martins

Preparação de texto
Marcelo Piva

Revisão
Rebecca Villas-Bôas Cavalcanti

Criação e produção gráfica
Thiago Sousa

Assistentes de criação
Marcos Gubiotti
Juliana Ida

Ilustrações de Zela Lobb

CIP-Brasil. Catalogação-na-fonte
Sindicato Nacional dos Editores de Livros, RJ

S781c	Stall, Sam
	100 cães que mudaram a civilização: os cães mais influentes da história / Sam Stall; tradução Albertina Pereira Leite Piva. - São Paulo: Prumo, 2009.
	Tradução de: 100 dogs who changed the civilization ISBN 978-85-7927-015-4
	1. Cão - História. 2. Cão - Miscelânea. I. Título. II. Título: Cem cães que mudaram a civilização.
09-1970.	CDD: 636.7 CDU: 636.7

Direitos de edição para o Brasil: Editora Prumo Ltda.
Rua Júlio Diniz, 56 - 5º andar – São Paulo/SP – CEP: 04547-090
Tel: (11) 3729-0244 - Fax: (11) 3045-4100
E-mail: contato@editoraprumo.com.br
Site: www.editoraprumo.com.br

100 CÃES QUE MUDARAM A CIVILIZAÇÃO

OS CÃES MAIS INFLUENTES
DA HISTÓRIA

SAM STALL

Tradução
Albertina Pereira Leite Piva

Para a corgi Cortney, minha maior admiradora.
O sentimento era recíproco.

SUMÁRIO

Introdução 7

Ciência e Natureza 11

História e Política 63

Arte e Literatura 117

Cultura Popular 149

Heróis 209

INTRODUÇÃO

*"As histórias têm mais exemplos
de fidelidade de cães do que de amigos"*
– Alexander Pope

O longo, profícuo e extremamente complexo relacionamento da humanidade com os cães começou estritamente como uma relação de negócios. Foi mais ou menos assim: há dezenas de milhares de anos, por razões desconhecidas, uma matilha de lobos juntou forças com um grupo de homens das cavernas. Essa interação criou o que os executivos modernos chamam de sinergia. Os lobos possuíam sentidos apurados, velocidade e força. Os humanos tinham cérebros assombrosamente grandes e manipulavam armas mortíferas.

Essa estranha dupla da natureza provou ser uma combinação imbatível. Porém, no caminho para a dominação do mundo, alguma coisa estranha aconteceu. Os lobos se transformaram em cachorros – cães domesticados, física e emocionalmente adequados para atender a necessidades humanas específicas. Continuamos a caçar juntos, mas também passamos a cuidar de rebanhos, a trabalhar e até mesmo a marchar para a guerra lado a lado. Em algum lugar nesse caminho, os humanos pararam de ver os cachorros como meras ferramentas. Passaram a vê-los como colegas, confidentes e amigos. Até mesmo, ousamos dizer, como o melhor amigo do homem.

O sentimento, aparentemente, é mútuo. Claro que não podemos dizer exatamente como os cães se sentem a nosso respeito, porque eles não conseguem falar por si mesmos. Podemos apenas julgá-los por suas ações. Ações que, ao longo dos séculos, têm incluído tamanhas demonstrações de devoção, coragem e desprendimento que chegam a diminuir os feitos de muitos heróis humanos – fazem com que um livro como este seja não apenas possível, mas plausível.

Mas o que fizeram esses cães? Salvaram alguns entre nós da morte iminente. Salvaram ainda muitos de nós do tédio e da solidão. Sua presença tem sido um exemplo emocionante no campo de batalha e de conforto em casa.

Cachorros normais praticam atos de heroísmo longe dos holofotes todos os dias, mas alguns se tornaram merecidamente famosos por seus feitos. Podemos dizer sem exagero que o destino de nações e de impérios algumas vezes descansou sob as patas capazes de cães. Alexandre, o Grande, só viveu o suficiente para ganhar esse título porque seu cão de guerra, Péritas, salvou-lhe a vida em batalha (página 231). Napoleão nunca teria chegado a Waterloo se o cachorro de um pescador não tivesse impedido que se afogasse (página 97). E Guilherme, o Taciturno, pai da nação holandesa e ancestral do rei Guilherme III da Inglaterra, teria sido assassinado na cama sem o aviso certeiro de seu pug (página 95).

Outros grandes cães deixaram sua marca de formas mais inesperadas mas igualmente admiráveis. Filmes, de *Casablanca* a *Matrix*, poderiam nunca ter sido feitos se um pastor alemão chamado Rin Tin Tin não tivesse sozinho salvado da falência os estúdios Warner Bros. (página 159). O poeta inglês Alexander Pope teria sido morto no meio da carreira se não fosse por seu dogue alemão, Bounce (página 135). E as óperas de Richard Wagner poderiam ter sido muito diferentes sem a inspiração artística de seus colaboradores peludos Peps e Fips (página 137).

Os cachorros aparecem de forma proeminente em muitos dos empreendimentos políticos, culturais e artísticos mais marcantes da humanidade, e sua influência é quase sempre para o bem. Mas isso não deveria nos surpreender, porque praticamente qualquer cão, quer altere a história ou não, influencia positivamente os atormentados seres humanos a seu redor. Em troca de um carinho na cabeça, ganhamos devoção inabalável. Em troca de uma tigela de comida, ganhamos um aliado resoluto. Em troca de um lugar em nosso coração, ganhamos amor por uma vida inteira. O relacionamento é proveitoso para ambos os lados. Mas os humanos definitivamente recebem a melhor parte do negócio.

Lá no fundo, sabemos que não merecemos um amigo assim. Mas talvez, só talvez, os cães possam nos inspirar a sermos as pessoas que eles *pensam* que somos.

SNUPPY
O PRIMEIRO CACHORRO CLONADO DO MUNDO

Os admiradores de cães gostam de pensar que cada exemplar canino é único. Mas isso não pode ser dito de Snuppy, o primeiro cachorro clonado do mundo.

Nascido em 24 de abril de 2005, Snuppy foi o produto de anos de trabalho de cientistas da Universidade Nacional de Seul (SNU), na Coreia do Sul – o nome *Snuppy* é uma fusão de *SNU* e *puppy* (filhote em inglês). Para produzir esse simples clone, os pesquisadores transferiram mais de mil embriões de cachorros para 123 cadelas. Isso produziu somente três gestações, e apenas uma delas foi bem-sucedida. Snuppy, um cão galgo afegão criado a partir de uma célula da orelha de outro cão, chamado Tai, foi gestado por uma golden retriever amarela.

Alguém pode se perguntar por que os cientistas se deram a esse trabalho. Eles dizem que foi porque tais clones podem ser usados para estudar doenças humanas, ou talvez para produzir células-tronco compatíveis com seres humanos. O responsável pelo projeto, Hwang Woo-suk, seria logo desacreditado por revelações de que ele teria forjado a pesquisa com a clonagem de células-tronco humanas. Mas, apesar de Hwang ter mentido a respeito de seu trabalho com seres humanos, estudos posteriores provaram que suas alegações sobre Snuppy eram todas verdadeiras.

LAIKA
A PRIMEIRA TERRÁQUEA NO ESPAÇO

Depois de mais de meio século de exploração espacial, muita gente se esquece de que a primeira criatura a entrar em órbita foi um cão, e não um homem. O cão que rompeu a fronteira superior foi uma pequena vira-lata das ruas de Moscou chamada Laika.

Seu voo foi um golpe de publicidade da alta tecnologia, projetado para chamar a atenção para a liderança da União Soviética no campo de foguetes. O premiê soviético Nikita Khrushchev informou aos cientistas russos responsáveis pelo satélite *Sputnik*, que inaugurou a corrida espacial, que desejava uma nova nave, a ser lançada em 7 de novembro de 1957, para marcar o 40º aniversário da revolução comunista. Apesar de os cientistas ainda não estarem prontos para lançar o veículo mais novo e sofisticado que estavam desenvolvendo, dizer "não" com certeza não era uma opção. Então eles improvisaram outra nave espacial em cerca de um mês. A nave era simples, mas funcional e continha sistemas rudimentares de manutenção da vida para ser capaz de levar um organismo vivo ao espaço, mas o tempo não permitiu o desenvolvimento de um escudo contra o calor e de um sistema de paraquedas que permitisse o retorno seguro do passageiro. Quem quer que embarcasse na nave, chamada *Sputnik II*, faria uma viagem só de ida.

A infeliz pioneira espacial fazia parte de uma matilha de cachorros das ruas de Moscou que haviam sido recolhidos e treinados para voos experimentais. Os cães foram a espécie escolhida porque os cientistas acreditavam que eles possuíam inteligência e disciplina para aguentar as viagens espaciais, assim como habilidade para suportar longos períodos em espaços confinados. O primeiro voo foi "concedido" a uma fêmea, mestiça de Husky, que pesava cerca de 6 kg – perfeita para o espaço apertado do satélite. A princípio ela foi chamada de Kudryavka (pequena enroladinha), nome mais tarde mudado para Laika (latidora) porque o apelido original se mostrou muito difícil de soletrar e pronunciar para os membros da imprensa internacional. Nos Estados Unidos ela ficou conhecida como Muttnik.

A *Sputnik II* foi lançada com Laika a bordo em 3 de novembro de 1957, em meio a uma enorme publicidade mundial. O fato de colocar o primeiro ser vivo em órbita foi divulgado pelos soviéticos como uma grande conquista. No entanto, anos mais tarde descobriu-se não ter sido tão revolucionário quanto originalmente retratado.

Por décadas os russos disseram que Laika sobrevivera em órbita por dias antes de finalmente sucumbir a um defeito no sistema de manutenção da vida. A verdade só foi revelada 45 anos após o voo histórico. Em 2002, cientistas russos que haviam trabalhado no programa admitiram que a pobre cadela morreu poucas horas depois do início da missão, provavelmente de frio. Sua cápsula permaneceu em órbita até 14 de abril de 1958, quando reentrou na atmosfera e se incendiou.

Felizmente, dos treze cães mandados para o espaço na década seguinte, Laika foi a única a não ter sido recuperada. Mas, na opinião dos amantes de cachorros ao redor do mundo, já foi demais. "Quanto mais o tempo passa, mais eu me sinto mal a respeito disso", disse o cientista de foguetes da era soviética Oleg Gazenko, décadas depois do projeto. "Não aprendemos o suficiente com a missão para justificar a morte da cadela."

O consolo, embora pequeno, é o fato de hoje Laika ser considerada uma celebridade em virtude de seu sacrifício. Ela foi retratada em um sem-número de livros e filmes e estampada em selos ao redor do mundo. Mas a homenagem mais apropriada talvez seja o lugar que ela ocupa no gigantesco monumento aos conquistadores do espaço em Moscou. Respeitando o espírito de coletivismo, o baixo-relevo que está em sua base não contém imagens de nenhum cosmonauta ou cientista envolvido no programa. A única exploradora a ganhar um retrato foi Laika, mostrada dentro da cápsula que se tornaria o local de seu descanso final.

DUMPY

O CÃO DE RUA QUE SE TORNOU UM PURO-SANGUE

Cachorros de raça são considerados a aristocracia do mundo canino. Mas, assim como na nobreza humana, alguns dos nomes mais importantes têm origem humilde.

É difícil imaginar um começo mais humilde do que o deste boykin spaniel, um cão de caça de tamanho médio muito conhecido no sul dos Estados Unidos. Por incrível que pareça, pode-se recuar, seguindo os traços da raça, até chegar a um único vira-lata conhecido pelo nome não muito aristocrático de Dumpy. Alexander L. White encontrou a pobre e mal-tratada criatura em 1911, vagando perto de uma igreja em Spartanburg, Carolina do Sul. White o levou para casa, alimentou-o, deu banho nele e descobriu em inúmeras caçadas que Dumpy tinha as qualidades de um excelente caçador. Seu amigo, o treinador de cães Whit Boykin, ficou igualmente impressionado. White entregou o refugiado da igreja a Boykin, que o cruzou com cadelas que prometiam ser boas caçadoras.

Finalmente, depois de muitos ajustes, a descendência de Dumpy se tornou o elegante boykin spaniel, que hoje pode ser visto em exposições caninas. O boykin é reconhecido como o cão oficial do Estado da Carolina do Sul – um grande passo para os filhos e filhas de um cão de rua.

TITINA
O PRIMEIRO CÃO A VOAR SOBRE O POLO NORTE

Quase todos os cachorros que já visitaram as regiões árticas da Terra fizeram isso puxando um trenó. Mas esse não é o caso de uma intrépida fox terrier chamada Titina. Ela chegou ao Polo Norte em relativo conforto, a bordo de um dirigível.

A pequena cadela começou sua vida como um ser faminto abandonado nas ruas de Roma. Mas uma noite, em 1925, ela teve a sorte de encontrar o italiano pioneiro em dirigíveis Umberto Nobile. Daí em diante, Nobile e Titina (ela foi batizada em homenagem a uma canção italiana) se tornaram inseparáveis. Compartilharam perigo, aventura e, finalmente, desgraça.

Os dois eram tão próximos que, em 1926, Nobile tomou a decisão incomum, e até desaconselhável, de levar sua mascote de 5 kg na tentativa histórica de voar, em um dirigível projetado por ele mesmo, sobre o Polo Norte. A pequena Titina não ocupava muito espaço, mas, como o comandante da expedição, o famoso norueguês Roald Amundsen, explicou de forma bastante direta e irritada, as condições a bordo eram tão restritas que os dezesseis membros da tripulação do dirigível *Norge* nem mesmo tinham espaço pra sentar. O único indivíduo que usufruía desse luxo era Titina, que se aninhava em uma pilha de suprimentos.

A viagem sobre o Polo Norte transformou a cachorra na queridinha da mídia. Despachos da expedição detalhavam tudo, desde as condições de vida até o que ela vestia (uma roupa de lã vermelha). Sua biografia apareceu até no *The New York Times*. Depois do voo ela partiu em turnê mundial com Nobile, na qual conheceu todo mundo, desde Rodolfo Valentino até Benito Mussolini. O grande piloto amava tanto sua cadela que não admitia ser fotografado sem ela.

Mas Titina estava destinada a partilhar também os tempos ruins de Nobile. Em 25 de maio de 1928, durante outra expedição polar, o dirigível *Italia*, de Nobile, caiu em meio a uma tempestade, matando vários membros da tripulação. O pequeno grupo de sobreviventes, incluindo Nobile e Titina, salvou o que pôde dos destroços e se abrigou no gelo, aguardando resgate.

Passou-se um mês antes que o grupo fosse encontrado por um avião de busca sueco. Foi então que Nobile tomou a decisão que destruiria sua reputação. O piloto lhe disse que tinha ordens de recolher só a ele e mais ninguém, e assim ele embarcou no avião com a cadela e deixou o resto de sua tripulação para trás. Por um capricho do destino, o avião caiu ao tentar uma segunda viagem de resgate. Os outros sobreviventes tiveram de esperar muitas outras semanas antes de serem recolhidos.

Nobile foi execrado pela imprensa por suas ações, particularmente na Itália, onde seu sucesso e suas disputas abertas com o governo fascista tinham-lhe angariado muitos inimigos no regime de Mussolini. Derrubar o *Italia*, matando tantos membros de sua tripulação, já era bastante ruim, mas abandoná-los no gelo, não importa o que o piloto do avião tivesse dito, era muito pior. E escolher levar sua cachorra junto consigo adicionava o ponto de exclamação final.

O homem que conquistou o Polo pelo ar caiu em desgraça. Mas haveria alguma consolação, pelo menos. Ele viveria mais que Mussolini, e veria seu nome limpo – pelo menos oficialmente – de qualquer conduta errônea, por um inquérito da Força Aérea italiana, em 1945. Foi até mesmo restituído ao posto de General. E, é claro, mesmo em seus dias mais sombrios, nunca perdeu o amor e o consolo de Titina. Do amargo frio do Ártico à mais amarga desgraça pública, ela nunca saiu do lado dele.

ROBOT

O CÃO QUE DESCOBRIU ALGUMAS DAS
PRIMEIRAS OBRAS DE ARTE DO MUNDO

Um dos maiores tesouros culturais do mundo está literalmente localizado em um buraco no chão. E poderia ter permanecido lá, desconhecido, até hoje se não fosse pelo tropeço de um cachorro francês.

Aconteceu perto da vila de Montignac, na França. Em 12 de setembro de 1940, quatro garotos saíram em busca de um tesouro que supostamente estaria enterrado em um túnel secreto nos arredores. Os garotos não tiveram sorte, mas o cachorro deles, Robot, teve. Ele descobriu um buraco escuro (alguns relatos dizem que caiu nele e teve de ser resgatado lá de dentro) que seus companheiros humanos tinham certeza que levava a riquezas incontáveis.

Eles não tinham ideia de quão certos estavam. Aquilo era a entrada para a Caverna de Lascaux, hoje mundialmente famosa, um complexo subterrâneo cheio de lindas e quase intactas pinturas pré-históricas, todas elas com mais – talvez muito mais – de dez mil anos de idade. Ironicamente, a descoberta de Robot quase foi destruída pela atenção que recebeu. O calor e a alta umidade criada por milhares de visitantes diários começaram a danificar as pinturas da caverna, e Lascaux teve de ser fechada ao público em 1963.

JO-FI
O CÃO QUE AJUDAVA SIGMUND FREUD
A AVALIAR SEUS PACIENTES

Sigmund Fred, o Pai da Psicanálise, era uma pessoa que gostava de cães. Ele os amava tanto que, já velho, em seu aniversário, sua filha Anna colocava chapeuzinhos de festa nos bichos de estimação da família. Eles tinham lugar à mesa e ganhavam bolo de aniversário junto com os membros humanos do clã Freud.

Ele gostava especialmente de cães chow chows e teve vários animais dessa raça. Dentre eles, o mais importante foi Jo-Fi. O grande psicanalista acreditava que os cachorros eram ótimos juízes de caráter e que ajudavam a deixar as pessoas à vontade. Por essa razão, ele permitia que Jo-Fi ficasse na sala durante as sessões com os pacientes. Se a pessoa estava calma e em paz, o cachorro se deitava relativamente perto dela; se estava cheia de tensão contida, Jo-Fi mantinha distância.

Mas esse não era o único talento do cachorro, nem o mais útil. Jo-Fi também podia dizer precisamente quando uma sessão tinha acabado. Após

cinquenta minutos, ele se levantava, se espregui-
çava e ia para a porta do consultório. Assim, Freud
sempre sabia, sem precisar olhar deselegantemen-
te para o relógio, quando era hora de mandar o paciente embora.

GEORGE
O CÃO QUE FAREJAVA O CÂNCER

Mesmo com os equipamentos médicos mais modernos e mais caros, detectar o câncer em seus primeiros estágios pode ser difícil – a menos que você seja um cachorro. Cientistas concluíram que, quando se trata de descobrir determinadas formas dessa doença mortal, um nariz sensível e bem treinado pode funcionar melhor que a mais alta tecnologia.

A ideia de cães farejando tumores como se fossem coelhos parece absurda. Como pode um cão, não importa quão apurado seja seu faro, fazer algo tão difícil? Em 1989 o periódico médico britânico *The Lancet* publicou um relato em tom de anedota sobre um cão britânico que desenvolveu um interesse obsessivo por uma pinta na coxa de sua dona. Esta, preocupada, mandou examinar a pinta e descobriu que se tratava de um melanoma maligno – que acabaria por matá-la se não tivesse sido descoberto a tempo.

Esse relato, junto com algumas histórias parecidas, despertou o interesse do dermatologista americano Armand Cognetta, especialista em câncer de pele de Tallahassee, na Flórida. Percebendo que muitos casos de melanoma não são detectados até que seja muito tarde para salvar o paciente, ele se perguntou se cachorros poderiam ser treinados para farejar a doença em seus estágios iniciais. Mas como alguém treina um cão farejador de câncer? Não sabendo por onde começar, ele entrou em contato com Duane Pickel, antigo chefe do canil da Polícia de Tallahassee, e perguntou se ele conheceria um candidato de quatro patas que estivesse à altura de tal desafio. Pickel falou de seu próprio animal de estimação, um schnauzer standard chamado George.

George já era um habilidoso farejador de bombas. No entanto, sua nova missão requeria preparação ainda mais rigorosa. Primeiro ele foi ensinado a farejar tubos de ensaio escondidos com pequenos fragmentos de melanomas malignos. Depois foi colocada uma amostra em uma atadura num voluntário, junto com muitas outras ataduras que não continham nada. Em dúzias de testes, George atingiu um índice de acerto de 97%. Finalmente, ele foi solto no meio de um grupo de pacientes com câncer de pele de verdade. O schnauzer conseguiu "diagnosticar" seis pacientes entre sete.

A ideia de um cachorro "farejando" câncer não é tão absurda assim. Eles certamente são equipados para o serviço. Possuem mais de 200 milhões de sensores olfativos no focinho (em comparação aos "poucos" 5 milhões dos seres humanos), e provaram ser capazes de localizar outros alvos extremamente desafiadores, desde uma pequena quantidade de drogas ilícitas no enorme porão de um navio até um único faisão em um campo gigantesco. E, já que o registro da habilidade humana para detectar melanomas em seus estágios iniciais é infinitamente pequeno, qualquer ajuda que os cachorros puderem oferecer é providencial – sem mencionar que é muito mais barato e fácil do que qualquer exame convencional.

George, que mostrou as possibilidades de tal técnica, faleceu em 2002, vítima de um tumor no cérebro. Mas o trabalho continua. Outros estudos foram realizados, incluindo uma tentativa, na Inglaterra, de ensinar cães a detectar câncer de bexiga farejando a urina dos pacientes. Incrivelmente, uma das pessoas supostamente saudáveis usadas como parte do grupo de "controle" descobriu estar em um estágio inicial de câncer de bexiga quando os cães reagiram de forma violenta ao odor de sua urina, supostamente normal. Graças aos focinhos sensíveis, ela foi tratada e se recuperou. E se tornou um dos primeiros pacientes – mas não o último – a dever sua saúde a um cachorro.

O CACHORRO MARROM

O CÃO DESCONHECIDO CUJA MORTE IMPULSIONOU
A CAUSA DOS DIREITOS DOS ANIMAIS

Nem todos os cachorros que contribuíram para o avanço da raça humana fizeram-no voluntariamente. Centenas de milhares de cães morreram em laboratórios, sujeitos a tudo, de experiências perigosas a vivissecções (dissecações em vida). Por um longo tempo, ninguém pensou muito nisso – até que a morte solitária de um cão de rua sem nome despertou a indignação do público.

Em fevereiro de 1903, o cão em questão – um pequeno terrier que passou para a história como o Cachorro Marrom – morreu depois de ser submetido a uma vivissecção no departamento de Fisiologia da *University College London*. Infelizmente, não havia nada de incomum nesse fato macabro. Isso acontecia regularmente em prol da educação dos alunos. Mas esse caso era diferente. Duas das testemunhas daquele dia eram Leisa Schartau e Louise Lind-af-Hageby, suecas que se opunham à vivissecção e que se matricularam na Escola de Medicina de Londres especificamente para testemunhar e registrar tais procedimentos. Elas apresentaram suas anotações a Stephen Coleridge, o secretário honorário da Sociedade antivivissecção da Grã-Bretanha, que acusou publicamente o médico responsável pelo Cachorro Marrom de não anestesiá-lo adequadamente, como a lei exigia, e de usar o animal para mais de um experimento, o que também era ilegal.

O médico processou Coleridge prontamente por calúnia, mas, apesar de sair vitorioso na Justiça, perdeu na corte da opinião pública. Uma violenta reação a respeito do tratamento dispensado ao cão surgiu na imprensa, e um tabloide levantou 5.735 libras para pagar a multa de Coleridge, arbitrada pelo tribunal. As coisas pegaram fogo quando um monumento ao Cachorro Marrom foi construído em Londres. Inaugurado em 15 de setembro de 1906, tratava-se de uma fonte de aparência comum com um cachorro de bronze no topo e uma inscrição incendiária dedicando "à memória do Cachorro Terrier Marrom, entregue à morte nos laboratórios da *University College*, em fevereiro de 1903 ... [depois] ... de passar de uma vivissecção a outra até que a Morte veio libertá-lo".

Conflitos em grande escala se seguiram quando estudantes de medicina de Londres, que tentavam atacar o monumento, travaram batalhas de rua com valentões da vizinhança. A estátua foi finalmente retirada do local em 1910 e, presume-se, destruída. Mas o Cachorro Marrom, e o que ele representava, não foi esquecido. Em 1985 uma nova estátua foi inaugurada no bairro de Battersea, em Londres, sustentando a mesma condenação abrasadora das experiências com animais. Mas dessa vez ninguém saiu em defesa da prática.

CAP

O CÃO PASTOR QUE INSTIGOU
FLORENCE NIGHTINGALE A SER ENFERMEIRA

Ninguém pode subestimar a importância de Florence Nightingale para a profissão na área médica. Nascida em 1820, filha de pais ricos, esperava-se que Nightingale se tornasse uma esposa obediente, escondida em uma mansão qualquer do interior. Mas, em vez disso, ela escolheu uma vida de trabalho duro, tornando-se enfermeira, uma das profissões mais ultrajantes daquela época. E não era de admirar. Naqueles tempos, o "enfermeiro" típico era um auxiliar mal treinado com pouco mais conhecimento médico que um ajudante de cozinha.

Mas Florence mudou isso tudo. Ela analisou os hospitais mais bem dirigidos por toda a Europa e se tornou a propagadora de um conceito então revolucionário: uma enfermaria limpa, bem-organizada, com uma equipe formada por pessoas com conhecimento e simpáticas, era melhor do que uma suja e desorganizada, dirigida por idiotas insensíveis e ignorantes – o que basicamente resumia as instalações típicas de sua época.

Ela se tornou uma celebridade internacional durante a Guerra da Crimeia, na qual a Grã-Bretanha, a França e o Império Otomano lutaram contra a Rússia pelo controle da península da Crimeia. As condições dos hospitais militares eram um escândalo tão grande que Florence, junto com um pequeno grupo de enfermeiras voluntárias, foi mandada pelo secretário de guerra britânico para ver o que poderia ser feito. Com um esforço herculeo, ela organizou o programa de apoio tão eficientemente que o índice de mortalidade caiu de 42% para 2%. Florence voltou para casa como heroína nacional e usou sua fama para trabalhar incansavelmente pela reforma hospitalar até sua morte, em 1910.

O que inspirou esse interesse tão intenso em ajudar os outros? Talvez tenha sido um fato ocorrido em 1837, quando Florence tinha apenas 17 anos. Um velho pastor contou-lhe que seu cachorro, Cap, tinha sido gravemente ferido por alguns meninos, que jogaram pedras nele. Sua perna aparentemente estava quebrada, o que significava que não podia mais pastorear as ovelhas. O velho não tinha condições de manter um cachorro aleijado, portanto planejava sacrificar Cap naquela noite.

Horrorizada, Florence pediu permissão para visitar o cachorro. Ela e uma companheira descobriram que sua perna estava muito machucada, mas não quebrada, e cuidadosamente a enfaixaram. Poucos dias depois, Cap estava bom.

Algum tempo depois, Florence sonhou que Deus a estava chamando para dedicar sua vida à medicina. E a jovem, bastante inspirada por seu trabalho com Cap, atendeu ao chamado.

BOTHIE

O ÚNICO CACHORRO QUE VISITOU
O POLO NORTE E O POLO SUL

Muitos cachorros puxaram trenós através das neves do Ártico, mas um cachorro intrépido, um resistente jack russell terrier chamado Bothie, visitou tanto a parte de cima quanto a de baixo do mundo sem nunca ter posto os olhos em um trenó.

O cãozinho pertencia ao famoso explorador britânico *Sir* Ranulph Fiennes e à sua esposa, Virginia. Ele foi comprado em 1977, dois anos antes de o casal partir na Expedição Transglobe, que iria circunavegar o planeta ultrapassando os Polos, uma jornada que haviam planejado por quase uma década. De avião e de barco, eles viajariam ao redor do mundo de um Polo ao outro, visitando primeiro a Antártida e terminando no Ártico.

Bothie não pôde acompanhar a primeira parte da expedição, que passava pelo meio da África. A ameaça de doenças e o calor extremo foram considerados demais para ele. Mas, assim que o grupo se lançou ao mar em seu próprio navio, o pequeno terrier foi levado de avião e equipado com arreios

próprios para mantê-lo amarrado ao convés em caso de mau tempo. Ele também foi poupado da longa jornada por terra ao coração da Antártida. Assim que a expedição alcançou esse objetivo, em janeiro de 1980, ele foi trazido de avião e vestido com equipamento de neve, que incluía gorro, botas e roupa especial.

Muitos meses depois, Bothie completou o feito no Polo Norte. Foi a etapa final da Expedição Transglobe, que começou em 1979 e terminou em 29 de agosto de 1982. Não é de surpreender que Bothie tenha se tornado uma celebridade. Ele foi eleito o animal de estimação do ano da Grã-Bretanha em 1982, e em 1983 foi permitido que fizesse um se um circuito de honra no picadeiro do Crufts, o *show* de cachorros mais prestigiado do mundo. Mas o melhor de tudo talvez tenha sido o fato de que Bothie arranjou uma namorada durante suas aventuras. Enquanto estava no Yukon, ele conheceu uma cadela enorme, mistura de husky com labrador, chamada de Black Dog por seus parceiros humanos. Os dois passaram o resto da viagem juntos e, depois de ficarem separados por diversos meses, em quarentena obrigatória, quando chegaram à Grã-Bretanha, permaneceram juntos daí em diante.

JET

O CACHORRO QUE SE TORNOU

CONTROLADOR DE TRAFEGO AÉREO

A ameaça de colisão de aeronave no ar com pássaros é um perigo sempre presente em aeroportos ao redor do mundo. Só nos Estados Unidos acontecem cerca de 2.500 desses choques anualmente. Esses encontros são quase universalmente fatais para a ave e também não são moleza para os pilotos humanos. Uma colisão no ar pode quebrar a janela do *cockpit* ou causar uma catastrófica perda de potência se a vítima alada for sugada para dentro de uma turbina.

É por isso que os aeroportos gastam muito tempo e dinheiro para tentar impedir que corvos, gansos e outras ameaças aéreas façam ninhos perto de suas pistas. Ao longo dos anos, os aeroportos têm usado de tudo, desde fogos de artifício, bombas de fumaça até falcões treinados. Todas essas medidas mostraram-se caras, complicadas e não muito eficazes. Mas, em 1999, o Aeroporto Internacional do Sudoeste da Flórida tornou-se o primeiro grande aeroporto a empregar o que provou ser a resposta mais avançada e eficiente para o problema – um cão chamado Jet.

O border collie de dois anos acabou sendo uma excelente solução. Depois de um treinamento intensivo, ele foi mandado, junto com funcionários do aeroporto, para patrulhar o terreno. Sempre que um bando de aves achava um lugar para pousar que fosse próximo dos corredores de tráfego aéreo, Jet "encorajava-os" a partir, latindo repentinamente e forçando-os a voar. O fato de sua raça ser originalmente de cães pastores foi uma vantagem crucial. Podia-se confiar em Jet para espantar os pássaros sem machucá-los. E, pelo fato de seus movimentos serem tão parecidos com os de raposas e coiotes de tocaia, as aves nunca se acostumavam com ele como havia acontecido com os fogos e as bombas de fumaça.

Em 1998, um ano antes de Jet chegar, houve dezesseis colisões com pássaros no aeroporto. Durante seu primeiro ano de trabalho, o número caiu para quatro, e permaneceu abaixo dos dois dígitos desde então. O programa foi tão eficaz que um novo border collie, chamado Radar, foi recrutado para substituir Jet quando ele se aposentou, em 2001. Outros aeroportos tomaram conhecimento do fato e compraram seus próprios cães espantadores de aves.

Eles atualmente estão de serviço na Base Aérea de Dover e em aeroportos municipais em Augusta, na Geórgia, e em Vancouver, na Colúmbia Britânica, só para citar alguns.

AIBO
O CÃO QUE ERA UM ROBÔ

Os criadores de cães gastam muito tempo e energia tentando "melhorar" nossos amigos caninos por meio da criação seletiva. Mas no final dos anos 1990 os engenheiros da Sony levaram a questão a outro nível. Em vez de tentar melhorar os cachorros tradicionais, eles construíram um do zero – um cachorro que não precisa passear, não faz xixi no tapete nem rói a mobília. Tudo o que essa nova raça precisava era de um disco rígido e de um lugar calmo para recarregar sua bateria.

Sua criação se chamava AIBO (uma abreviação aproximada de *Artificial Intelligence Robot* – Robô com inteligência artificial). O mecanismo de quatro patas e revestimento cromado foi o primeiro cachorro robô autônomo comercialmente produzido. Ele podia fazer quase tudo que os cachorros de verdade fazem, e muitas coisas que eles não podem fazer. Graças a uma programação sofisticada, as primeiras versões faziam a ronda da casa por iniciativa própria, reconheciam rostos humanos e respondiam a diversos comandos vocais. Eles podiam até mesmo ser programados para começar sua existência no "modo filhote", e depois lentamente se transformar em cães adultos com personalidade única, construída a partir de sua experiência de "vida".

As versões posteriores do robô fazem muito mais. Entre seus muitos outros talentos, o modelo ERS-743 pode falar mais de 1.000 palavras em inglês; entender um pouco de espanhol; dançar conforme a música; e se conectar à internet para recitar notícias e informações sobre esportes para seu dono – tudo por cerca de 2.100 dólares.

As maquininhas são inegavelmente divertidas, mas um pouco caras para o apreciador de cães e/ou tecnologia comum. Para o espanto dos fãs de cães robóticos ao redor do mundo, a Sony anunciou em 2006 que planeja puxar o plugue do AIBO. Mas interromper a produção dos pequenos cães pode ter grandes repercussões no desenvolvimento de tecnologia robótica. Construir uma máquina que possa andar, ver e se comunicar é difícil e caro, então engenheiros e especialistas em inteligência artificial normalmente usavam o relativamente barato AIBO para testes. O cachorro artificial se tornou parte central da RoboCup, competição anual de futebol de robôs. O torneio tem sua própria divisão só de AIBOS, na qual equipes com nomes como FU-Figthers e The RoboLog Project enfrentam outros times de robôs do mundo todo. Diante de sua indiscutível utilidade, os *hackers* podem, por muitos anos ainda, ensinar truques novos para esses cachorros velhos.

RICO
O CACHORRO MAIS ESPERTO DO MUNDO

Muitas pessoas acreditam que seus cães podem entender o que elas falam. De acordo com estudos revolucionários com um border collie especialmente inteligente, essas pessoas podem estar mais certas do que imaginam.

Todos os border collies são espertos, mas Rico é, aparentemente, um cientista espacial canino. Ele parece ter um vocabulário de aproximadamente duzentas palavras, é capaz de identificar pelo nome os brinquedos específicos de sua vasta coleção e até mesmo demonstra pensamento dedutivo.

Em 2004, cientistas do Instituto Max Planck de Antropologia Evolucionária em Leipzig, na Alemanha, conduziram um estudo sobre o comportamento de Rico e mais tarde publicaram seus resultados no jornal *Science*. Rico foi parar no laboratório depois que seus donos afirmaram que ele, um cão de nove anos, sabia o nome de cada um de seus inúmeros brinquedos. Os cientistas decidiram testar essas afirmações em uma série de experiências cuidadosamente elaboradas. Primeiro eles colocaram Rico e seu dono em uma sala e uma seleção de seus brinquedos em outra. Diziam então o nome de um brinquedo específico para Rico pegar, e ele fez a escolha correta 37 vezes em 40. Mas depois é que veio o *realmente* espantoso. Alguns dos objetos do cachorro foram colocadas na sala juntamente com um objeto novinho, que Rico nunca tinha visto antes. Seu dono, então, falou o nome do objeto novo e disse para Rico ir pegá-lo. Incrivelmente, o brilhante border collie deduziu que a palavra desconhecida se aplicava à coisa desconhecida e o pegou. Especialistas em desenvolvimento de crianças chamam essa especialidade de "mapeamento rápido" – a habilidade de associar rapidamente um significado a uma nova palavra. Muitos pensavam que a técnica, com a qual crianças pequenas aprendem palavras novas, fosse um traço estritamente humano.

A ideia de que os cães podem possuir essa habilidade é uma bomba científica. Assumindo que os dados da pesquisa se sustentem após um estudo detalhado, isso pode significar algumas coisas: ou Rico talvez seja o cão mais inteligente do mundo ou (o que é mais provável) todos os cachorros possuem habilidades similares em maior ou menor grau. O trabalho levou alguns cientistas a especular sobre algo de que muitos donos de cachorros suspeitam há muito tempo, mas não podiam falar por medo do ridículo. "Se Rico tivesse um aparelho vocal humano, poderíamos presumir que ele também seria capaz de dizer os nomes dos itens, ou pelo menos tentar". Sue Savage-Rumbaugh, que estuda comunicação e inteligência animal na Universidade Estadual da Geórgia, falou ao *Washington Post*: "Isso também nos leva a questionar se Rico e/ou outros cães ou outros mamíferos podem já estar tentando pronunciar palavras, mas têm grande dificuldade em serem entendidos".

Esses pensamentos são música para os ouvidos dos donos de cães. Claro, Rico não consegue usar a linguagem com tanta destreza quanto, digamos, um aluno do ensino fundamental. Até aqui seus talentos parecem estar limitados a coisas ligadas a sua coleção de brinquedos e a pegar objetos específicos desta. Provavelmente, se alguém lhe perguntasse se a Lua é uma bola ou se um brinquedo de pelúcia específico o deixa feliz ou triste, ele não teria nada a responder. Mas talvez, apenas talvez, ele pudesse. Ainda estão trabalhando para verificar se Rico é tão bom para entender abstrações quanto para pegar brinquedos. Dadas as surpresas que esse cachorrinho singular já mostrou, não há como antecipar o que pode acontecer.

MISSY
A CADELA QUE AJUDOU A
DESENVOLVER A CLONAGEM DE GATOS

Como a maioria das pessoas, John Sperling tinha uma queda por sua cachorra, uma mistura de border collie com husky siberiano chamada Missy. E, como a maioria das pessoas, ele temia o dia em que sua companheira iria morrer. Mas, ao contrário da maioria, Sperling estava em condições de fazer algo a respeito disso – algo que traria um avanço à tecnologia da clonagem.

Sperling não é apenas um amante de cães, mas um amante de cães *bilionário*. Boa parte de sua fortuna foi construída por meio da Universidade de Phoenix, uma instituição de ensino particular que fundou em 1976. Ele também ficou famoso como empreendedor em biotecnologia. Em 1991 Sperling financiou, com cerca de 4 milhões de dólares, um esforço para clonar sua melhor amiga, Missy. O projeto chamava-se *Missyplicity* e era um empreendimento conjunto entre a *Texas A&M University* e a *Bio-Arts and Research Corporation (BARC)*, subsidiária de Sperling e de outro empresário de

São Francisco. Os cientistas da *Texas A&M* trabalharam desde o final dos anos 1990 e o começo dos anos 2000, implantando embriões com infusões de DNA de Missy em várias fêmeas hospedeiras, mas nenhuma gravidez se mostrou viável.

Depois de anos de trabalho infrutífero, a equipe chegou a duas conclusões. A primeira é que os cachorros são muito difíceis de clonar. A segunda, que veio quase como decorrência disso é que os gatos eram muito mais fáceis.

Assim, o Projeto *Missyplicity* mudou seu foco. Se não podia replicar o melhor amigo do homem, aceitaria seu segundo melhor amigo. Em 2001, depois de 87 tentativas frustradas, o grupo de pesquisa produziu CC (abreviatura de *Copy Cat* – Gato Copiado), o primeiro felino clonado do mundo. O gatinho parecia apontar o caminho para um negócio novo e único – ressuscitar animais de estimação mortos, o que podia ser divertido e lucrativo.

Para lucrar com a descoberta tecnológica, a companhia *Genetic Savings & Clone*, cujo nome parece ter saído da série *Além da Imaginação*, foi fundada para oferecer a donos de gato enlutados cópias idênticas de seus falecidos amigos. Aqueles que pensavam no futuro podiam armazenar o DNA de seu gato no banco de animais da companhia. Então, quando o felino original morresse, eles podiam usar o programa de clonagem Nove Vidas Extravagância para criar um novo Fluffy 2.0. Tudo o que era preciso para ter essa nova versão de seu gato eram os serviços do laboratório de última geração da *Genetic Savings & Clone* em Madison, no Wisconsin e, é claro, a quantia aproximada de 32 mil dólares.

Não é de surpreender que os ativistas dos direitos dos animais tenham ficado horrorizados com a ideia de gastar uma fortuna para ressuscitar felinos mortos enquanto milhares de gatos vivos, perfeitamente bem, penavam em abrigos. Isso e também o preço salgado dos serviços condenaram a *Genetic Savings & Clone* a um fim precoce. Depois de criar alguns gatos por encomenda, a empresa fechou as portas em 2006.

Como ficou claro, o alto custo não era o único problema com a clonagem de gatos. A natureza, ao que parece, odeia se repetir. Apesar de um clone e seu doador carregarem sem sombra de dúvida o mesmo conjunto de informações genéticas, fatores ambientais sutis podem causar pequenas – ou nem tão pequenas – variações na aparência física. Essa dificuldade foi notada pela primeira vez em CC, o clone felino "original". Testes mostraram que ela era na realidade uma cópia idêntica de sua doadora, uma gata vira-lata chamada Rainbow. Mesmo assim, como se a natureza estivesse pregando uma peça, seu pelo tinha cor diferente.

A clonagem canina, finalmente conseguida na Coreia do Sul (veja página 18), mostrou-se até o momento muito complicada, cara e tendendo ao fracasso se aplicada comercialmente. Quanto a Missy, ela morreu tranquila em 6 de julho de 2002. De um jeito ou de outro, jamais haverá uma cadela como ela.

OUTROS CÃES DE DESTAQUE

VETEROK E UGOLIOK: dois cães lançados em órbita pelos soviéticos em 1966 e recuperados em segurança depois de 22 dias. Seres humanos não ficariam no espaço por tanto tempo até a missão Skylab 2, em 1974.

DIAMOND: um dos muitos cães de Sir Isaac Newton, Diamond causou uma crise nervosa em seu dono quando derrubou uma vela que estava sobre a mesa de Newton, incendiando suas anotações.

POLLY: a terrier de Charles Darwin, que dormia em uma cesta ao lado de sua mesa. Imortalizada por seu dono em uma referência no livro A expressão das emoções em homens e animais.

BUDDY: o primeiro cão-guia para cegos formalmente treinado nos Estados Unidos. Seu dono, Morris Frank, ajudou a fundar a Seeing Eye, a primeira escola norte-americana de cães-guias dos Estados Unidos.

SAILOR E CANTON: macho e fêmea da raça terra-nova que, em 1807, se perderam nos Estados Unidos quando o navio inglês no qual viajavam afundou. Cruzando com cachorros de caça locais, serviram como base para a raça chesapeake bay retriever.

HISTÓRIA E POLÍTICA

SEAMAN
O CÃO QUE SALVOU LEWIS E CLARK

Um dos fatos mais marcantes da expedição de Lewis e Clark é que um único homem foi morto no pequeno grupo de exploradores que atravessou o indomado continente norte-americano até a costa do Pacífico e depois fez o caminho de volta. Mas, sem o raciocínio rápido de um enorme terra-nova chamado Seaman, o resultado poderia ter sido muito pior.

Lewis, um dos capitães da expedição, tinha comprado o cão em Pittsburg pelo preço então absurdo de vinte dólares. O investimento se pagou em 29 de maio de 1805, quando o grupo acampou nas margens do rio Missouri, no que agora é o centro de Montana. Enquanto todos dormiam, um enorme búfalo veio nadando no rio e avançou para o acampamento, dirigindo-se à tenda de Lewis e Clark. No último minuto, Seaman apareceu do nada, colocou-se entre o animal enfurecido e a tenda e fez um barulho tão grande que o búfalo enveredou pela noite para nunca mais ser visto de novo. Vinte dólares podiam representar muito dinheiro por um cachorro naqueles dias, mas, considerando a contribuição de Seaman para a expedição, foi o dinheiro mais bem gasto de Lewis.

LILINE
A CADELA QUE QUASE SALVOU O REI DA FRANÇA

O rei Henrique III da França amava cães da raça pappillon. Ele tinha uma matilha desses pequenos cães e gastava muito para mantê-los – também comparecia a reuniões do conselho com cestas repletas de pappillons penduradas em seu pescoço, o que irritava seus assessores. Talvez eles se sentissem assim porque não havia muito tempo para tais frivolidades; Henrique III viveu em tempos turbulentos, e estava quase sempre envolvido em guerras religiosas entre católicos (que ele protegia) e protestantes.

Na noite de 1º de agosto de 1589, Henrique estava acampado com seu exército em Saint Cloud, a caminho para sitiar a cidade de Paris. Antes que ele se recolhesse, um monge chamado Jacques Clement, que havia pedido para vê-lo, foi admitido em sua presença. A pappilon favorita de Henrique antipatizou imediatamente com o homem, latindo tão histericamente que teve de ser retirada da sala. Ignorar essa reação custou muito caro.

O monge sacou uma faca e golpeou o rei no estômago. O pobre Henrique III padeceu por diversos dias antes de morrer. Foi tempo suficiente para refletir sobre como fora tolo ao ignorar o aviso de sua melhor conselheira – e com certeza melhor julgadora de caráter –, a pequena Liline.

KEES
O CÃO QUE SE TORNOU UM SÍMBOLO POLÍTICO

O cão nacional não oficial da Holanda é uma criatura de tamanho médio e bem peluda chamada keeshond. Empregada durante séculos para guardar barcas do canal, a raça quase foi extinta quando acabou no lado perdedor de uma disputa política de alto nível – a mesma disputa que ironicamente deu o nome à raça.

Na década de 1770 forças populistas lutavam contra a Casa de Orange pelo controle dos Países Baixos. Seu líder era Cornelis de Gyselaer, um homem que se fazia constantemente acompanhar por um cachorro cinzento e peludo conhecido pelo apelido de seu dono, Kees. O cão, e a raça em geral, tornaram-se o símbolo do movimento – um fato que quase significou a ruína para os cachorros quando a Casa de Orange retomou o poder. De repente Kees e todos os seus compatriotas ficaram muito fora de moda. O pobre keeshond (cão de Kees) foi salvo da aniquilação no começo do século XX, quando a Baronesa van Hardenbroek reuniu exemplares sobreviventes do cachorro rebelde e formou uma população viável para criação. O keeshond voltou a ser popular por toda a Holanda – mesmo que não seja reconhecido como raça pura.

FALA
O MASCOTE DO PRESIDENTE FRANKLIN D. ROOSEVELT

Franklin D. Roosevelt foi eleito presidente dos Estados Unidos por quatro mandatos, fato sem precedentes, liderando a nação tanto durante a Grande Depressão quanto na Segunda Guerra Mundial. Por uma década e meia, período em que ficou no poder, seu parceiro mais famoso e mais amado (depois de sua esposa, Eleanor) foi provavelmente Fala, um terrier escocês que alegraria os últimos cinco anos de sua vida.

Fala chegou à Casa Branca em 10 de novembro de 1940, presente de um dos primos de Roosevelt. Ele se chamava originalmente Big Boy, até que o presidente mudou seu nome para Murray, o Fora da Lei de Falahill (referência a um ancestral escocês), depois abreviado para "Fala". Pouco depois de sua chegada à residência oficial, o pequeno cão precisou ir ao veterinário, porque tinha sérios problemas estomacais. Um rápido exame revelou a causa: todos da Casa Branca, dos assessores do presidente até o pessoal da cozinha, davam bobagens para ele comer. Para evitar novos problemas dessa natureza, Roosevelt determinou que toda a comida de Fala deveria vir dele.

O cãozinho acompanhava o presidente a todos os lugares. Fala compareceu à Conferência da Carta do Atlântico, em Quebec, e às conversas com o presidente do México, em Monterey. Fala foi até mesmo arrastado para o centro de uma disputa política. Na campanha para as eleições presidenciais de 1944, os oponentes republicanos de Roosevelt divulgaram uma história segundo a qual, durante uma viagem às ilhas Aleutas, na costa do Alasca, o presidente teria desviado um destróier para apanhar Fala, que havia sido deixado para trás em uma das escalas.

Esse "escândalo" foi colocado de lado em 23 de setembro de 1944, quando o presidente proferiu o que ficou conhecido como o "Discurso Fala". Durante um jantar de campanha em Washington, enumerou as diversas coisas ruins que seus adversários falaram sobre ele, deixando para o fim o incidente ocorrido com Fala. "Esses líderes republicanos não se contentam com ataques à minha pessoa, ou à minha esposa, ou meus filhos", disse Roosevelt. "Não; não contentes com isso, eles agora incluem meu pequeno cão, Fala. Bem, claro, eu não me ressinto com ataques, e minha família não se ressente com ataques – mas Fala se ressente.

Vocês sabem, Fala é escocês, e, sendo escocês, logo que soube que os escritores de ficção republicanos no Congresso e fora dele inventaram uma história de que o deixei para trás nas Ilhas Aleutas e tive de mandar um destróier buscá-lo – o que teria custado aos contribuintes dois, três, oito ou até vinte milhões de dólares –, sua alma escocesa ficou furiosa. Ele nunca mais foi o mesmo!".

O cão não foi esquecido depois da morte de Roosevelt, em abril de 1945. O cãozinho acompanhou o cortejo fúnebre do presidente em Warm Springs, na Geórgia, até Washington e estava presente na cerimônia fúnebre. Depois continuou vivendo com Eleanor Roosevelt e era constantemente mencionado na sua coluna, *Meu Dia*, publicada em diversos jornais.

Ainda assim, pelo resto de sua longa vida, Fala nunca esqueceu Roosevelt. Quando os dois viajavam juntos, o carro oficial quase sempre era escoltado por carros de polícia com as sirenes ligadas. Mesmo em sua velhice, as orelhas de Fala se levantavam assim que ele ouvia o som de sirenes, como se acreditasse que Roosevelt estava vindo para casa.

Os dois finalmente voltaram a se reunir em 1952, quando Fala faleceu e foi colocado para descansar ao lado de Roosevelt, no Hyde Park, em Nova York. Hoje, no memorial Franklin Roosevelt, em Washington, uma estátua de Fala em tamanho natural está sentada obedientemente ao lado da estátua de seu dono, exatamente como acontecia na vida real.

CHECKERS
O CACHORRO QUE SALVOU A CARREIRA
POLÍTICA DE RICHARD NIXON

Mais de vinte anos antes de *Watergate*, Richard Nixon se viu enrolado em um escândalo político tão prejudicial que precisou da ajuda de seu cão Checkers para salvar sua carreira.

Candidato à vice-presidência na chapa de Dwigth D. Eisenhower em 1952, Nixon foi acusado de ter recebido 18 mil dólares em contribuições ilegais de campanha. A acusação atingiu severamente sua reputação, tanto que Eisenhower parecia pronto para tirá-lo da chapa. Algo extraordinário precisava ser feito.

Em 23 de setembro de 1952, Nixon deu uma resposta para o País todo, pela televisão, que ficaria conhecida como o "Discurso Checkers". Ele abriu suas finanças, bastante modestas, dando a impressão de ser um "homem do povo" de classe média. Mas o que realmente ganhou o público foi sua referência a Checkers, um cocker spaniel que havia sido dado à sua família por um simpatizante. "As crianças, como todas as crianças, amam o cachorro, e eu só quero dizer neste momento que, independentemente do que digam sobre ele, vamos mantê-lo".

O discurso salvou a carreira de Nixon – pelo menos por algum tempo. E deu a Checkers um lugar na história política.

BECERRILLO
O CÃO DE GUERRA ESPANHOL QUE
ENVERGONHOU OS CONQUISTADORES

A história da conquista espanhola das Américas do Sul e Central foi escrita com sangue – a maior parte desse sangue de americanos nativos. Grandes e pequenas nações sucumbiram ante os conquistadores, que esmagaram repetidamente forças numericamente superiores usando as "armas fantásticas" europeias, armas de fogo e cavalaria.

Uma das maiores dessas armas era o cão de guerra – cachorros enormes e incrivelmente fortes, aparentemente imunes à dor e treinados para lutar ao lado de seus donos. Eles provaram ser devastadores contra os guerreiros nativos, que tinham armas e armaduras mais leves. Os conquistadores, sabendo que os nativos ficavam apavorados com esses matadores enormes e sedentos de sangue, levavam-nos a todos os locais aonde iam. Eles eram tão úteis para intimidar quanto eram na batalha.

Um dos mais famosos chamava-se Becerrillo ("o pequeno touro"). Durante o tempo em que Becerrillo esteve no Novo Mundo, sua reputação sangrenta tornou-se tão grande que os inimigos deixavam o campo de batalha simplesmente ao avistá-lo. "Ele atacava seus inimigos com fúria e raiva e defendia seus amigos com grande valor", diz o famoso relato *Breve Crônica da Destruição das Índias*. "Os índios tinham mais medo de dez soldados espanhóis acompanhados de Becerrillo do que de 100 soldados sozinhos."

Depois de lutar em diversas batalhas, o corpo de Becerrillo ficou coberto de cicatrizes. Em troca de seus serviços, ele era tratado como um soldado normal e tinha até uma parte do que era obtido com as pilhagens – ainda que seja difícil imaginar que uso um cachorro daria para isso.

Apesar de o enorme cachorro ter ganho merecida reputação de ferocidade em batalha, havia algumas ações que ele não tolerava. Conta a história que, após a derrota de nativos na ilha de Porto Rico, o tratador de Becerrillo, Diego de Salazar, inventou um jogo para distrair seus camaradas. Após a batalha, Salazar e seus amigos não tinham nada para fazer a não ser esperar a chegada do governador territorial – o legendário Juan Ponce de León. Salazar chamou uma velha nativa, deu a ela um pedaço de papel, dizendo que continha uma mensagem para o governador, e ordenou que ela o levasse para este imediatamente, sob pena de ser morta. A mulher, apavorada, começou a caminhar. Alguns momentos depois, Salazar mandou Becerrillo atacá-la.

De acordo com relatos da época, o grande cão se lançou sobre seu alvo com as presas à mostra. A velha caiu de joelhos e implorou piedade. Então, algo estranho aconteceu. Inacreditavelmente, Becerrillo, que era famoso por ter massacrado montanhas de seres humanos em batalha, desobedeceu as instruções de seu dono. Ele cheirou a mulher com curiosidade, depois se virou e foi embora.

Seus companheiros ficaram pasmos, para dizer o mínimo. Alguns ficaram tão abalados com a atitude do cachorro que afirmaram ter sido causada pela intervenção divina. Outros se mostraram envergonhados pelo fato de um cachorro se recusar a cometer o tipo de assassinato a sangue frio que seus compatriotas humanos teriam cometido sem pensar duas vezes.

Pouco tempo depois, Ponce de León chegou e tomou conhecimento da história. Ele ordenou que a velha fosse libertada e devolvida a seu povo e depois determinou que não se cometessem mais atos de vingança contra a população local. "Não vou permitir que a compaixão e o perdão de um cachorro ofusquem os de um verdadeiro cristão", consta que ele teria dito.

Becerrillo era, de fato, um matador. Mas, ao contrário de seus amigos, não era um assassino.

SAUR

O CACHORRO QUE SE TORNOU UM REI NORUEGUÊS

Antigas crônicas *vikings* contam a estranha história de uma intriga política do século XII. Existem várias versões, mas a mais comum é esta: quando o rei norueguês Eystein Magnusson conquistou a terra de Throndhjem, nomeou seu filho Onund para reinar em seu lugar. Mas a população rebelou-se e matou Onund. Magnusson, tremendamente enraivecido com a rebelião e a perda de seu filho, enfrentou a resistência com mãos de ferro.

Depois que a luta terminou, o furioso rei ofereceu aos sobreviventes uma escolha. Eles poderiam se curvar e jurar lealdade eterna a seu escravo – um homem chamado Thorer Faxe – ou podiam ter como líder o cachorro do soberano, Saur (um termo grosseiro que significa "excremento").

Conta-se que o povo aceitou o cão, considerando que cachorros não vivem tanto, portanto estariam livres dele mais rápido. A história não diz por quanto tempo tiveram de aguentar a humilhação. Mas diz que Saur recebeu um trono, uma corte, uma casa luxuosa e até mesmo um colar de ouro.

BICHE
A CADELA QUE QUASE DESTRUIU O REINO DA PRÚSSIA

Durante séculos o país que hoje chamamos de Alemanha não foi nada mais do que um conjunto esparso de pequenos reinos, províncias e cidades-estado. Não é de admirar que eles fossem presa fácil para as nações europeias maiores que os cercavam. Foi só no século XVI que o reino da Prússia, um pedaço minúsculo de território na periferia da Europa central, começou lentamente a se destacar e adquirir tamanha proeminência que iria culminar na formação de um império alemão unificado no final do século XIX.

Mas a Prússia não começou sua vida como uma grande potência. Sobreviveu durante séculos como um país pequeno e sem poder, encravado entre gigantes nem sempre amigáveis, como França, Rússia e Áustria. Felizmente, era habilmente governado. Um dos maiores líderes da Prússia foi o rei Frederico II – mais conhecido como Frederico, o Grande. Ele foi um político sagaz e um líder militar astuto que, durante seu reinado de quarenta e seis anos, deixou marcas como a reforma do sistema es-

colar e o aumento da influência da Prússia por meio de inúmeras guerras de expansão vitoriosas. Mas Frederico não era infalível – uma piada grosseira envolvendo um cachorro quase lhe custou o trono.

O soberano passou a maior parte de sua vida sobre uma corda bamba política. Pouco depois de ascender ao trono, em 1740, arrancou alguns territórios do Império Austríaco em um conflito curto e amargo. A governante da Áustria, a imperatriz Maria Teresa, nunca esqueceu a humilhação. Durante anos ela planejou sua vingança, fortalecendo o exército, conseguindo uma aliança militar com a Rússia e tentando desesperadamente alcançar entendimento similar com a França.

O amor de Frederico pelos cães – e sua boca aberta – ajudariam a imperatriz a fechar o acordo. O rei da Prússia tinha poucos amigos e não demonstrava interesse por mulheres. Seu laço emocional mais forte era com sua matilha de galgos italianos. As pequenas criaturas o seguiam em todos os lugares e até partilhavam sua cama. Sua favorita era uma fêmea chamada Biche, que tinha a permissão de se sentar em seu colo durante as reuniões de Estado.

Infelizmente, Frederico tinha uma veia sarcástica que ele algumas vezes impunha a pessoas que não aceitavam bem suas brincadeiras. Uma noite, durante uma recepção em seu palácio, a conversa girou em torno do rei Luís XV, da França, e sua amante, Madame de Pompadour. Ela havia começado apenas como amante do rei, mas seus astutos instintos políticos a transformaram em um dos conselheiros mais influentes do monarca. Naquela noite Frederico expôs uma opinião bem menos lisonjeira para seus convidados: apontando para Biche, que estava sentada perto dele, ele disse que a cadela era *sua* Madame de Pompadour. A única diferença era que, em vez de conceder a ela o título de marquesa, ele dera à sua "conselheira" o título de "Biche", que significa "cadela" em português.

Não é de admirar que esses comentários rapidamente tenham chegado aos ouvidos de Pompadour. Ofendida, ela convenceu o rei francês a se juntar à aliança antiprussiana. Em uma pequena disputa, que veio a ser conhecida como Guerra dos Sete Anos, Áustria, França, Rússia e várias potências menores se uniram para varrer a Prússia do mapa. Apenas a brilhante habilidade de Frederico como general e a oportuna morte da czarina da Rússia – que o desprezava tanto quanto Maria Teresa – salvaram seu reino da aniquilação.

Durante o conflito desesperado, Biche serviu ao lado do rei. Ela seguia seu cavalo na batalha, escapando por pouco da morte em diversas ocasiões. Chegou mesmo a ser capturada por tropas húngaras, mas foi repatriada após demoradas negociações, o que deixou Frederico muito feliz. Aparentemente, apesar de Madame de Pompadour nunca haver perdoado Frederico por compará-la a uma cadela, a cadela não se importou de ser comparada a uma amante francesa.

DEMPSEY
A CADELA QUE ESCAPOU DE UMA SENTENÇA DE MORTE

A Inglaterra não tem pena de morte para humanos, mas tem para cachorros. Durante os anos de 1990 uma pit bull americana chamada Dempsey quase foi a primeira condenada. Em vez disso, ela se tornou o centro de uma tempestade internacional sobre direitos dos animais.

A Lei de Cachorros Perigosos foi aprovada na Inglaterra, em 1991, após diversos ataques de cães a crianças, que foram alvo de muita publicidade. A lei declarou que era ilegal possuir raças "perigosas" (especificamente, fila brasileiro, dogo argentino, tosa e pit bull) sem autorização judicial e exigia daqueles que a conseguissem que mantivessem seus cachorros na coleira e com focinheira o tempo todo enquanto estivessem em público. A pena por desobedecer era a morte – não para o dono irresponsável, mas para o cachorro.

A situação era essa quando Dempsey, uma pit bull que pertencia a Dianne Fanneran, moradora de Londres, foi levada para um passeio por um amigo de sua dona em uma noite de abril de 1992. Dempsey começou o passeio devidamente encoleirada e usando a focinheira, mas, como começou a engasgar, seu acompanhante a removeu para que ela pudesse vomitar. A infração foi flagrada por dois policiais que passavam pelo local, se aproximaram e "prenderam" Dempsey. Três meses depois, na corte de Ealing, ela foi condenada à morte.

Esse fato deu início a uma batalha judicial de três anos para Dianne e sua cadela azarada, que passou todo o tempo presa em canis municipais. O caso atravessou o sistema judicial britânico, chegando no final ao topo, na Casa dos Lordes, depois voltando às cortes inferiores. Durante a demanda, defensores dos direitos dos animais convocados pela defesa de Dempsey protestavam em alto e bom som contra a injustiça desse caso em particular e da lei em geral. A atriz e ativista Brigitte Bardot chegou a oferecer asilo político na França para a pit bull condenada.

Finalmente, em novembro de 2002, o caso foi arquivado – não em razão de os funcionários do governo terem admitido a tolice de seus atos, mas por mero tecnicismo. Dianne, ao que parece, não havia sido informada da primeira audiência de sua cadela em tempo hábil, como a lei exigia. Dempsey ficou livre e chegou até mesmo a incrível idade de

17 anos. Mas a muito maligna Lei de Cachorros Perigosos continua em vigor. Em 2002 esbarrou até mesmo na princesa Anne, filha da rainha Elizabeth II, quando um de seus bull terriers atacou duas crianças. O cachorro da princesa não recebeu pena de morte, mas Anne foi multada em 500 libras.

OWNEY

O MASCOTE DOS CORREIOS DOS ESTADOS UNIDOS

A maioria dos cachorros parece instintivamente detestar os funcionários dos correios. Mas um cão desenvolveu uma visão decididamente mais caridosa dessas pessoas – talvez porque devesse sua vida, seu sustento e sua fama considerável à bondade dos carteiros. O pobre cão foi abandonado quando era um filhote, em 1888, do lado de fora de um posto dos correios em Albany, Nova York. Os funcionários ficaram com pena dele e deixaram que passasse a noite ali dentro, enrolado em uma pilha de sacos de correspondência vazios. Owney, como veio a se chamar, parecia nunca ter esquecido aquele primeiro ato de bondade. Ele adorou o cheiro dos sacos de correspondência por toda a vida e seguia qualquer pessoa que carregasse um deles. Começou seguindo carteiros, depois passou a pegar carona nas carruagens de correio da área de Albany e finalmente passou a viajar nos vagões postais dos trens da *Railway Post Office* (RPO) que cruzavam o estado de Nova York. Logo estaria viajando por todo o País de trem, sempre sob o olhar cuidadoso dos funcionários da RPO.

Sempre que Owney visitava uma nova localidade, os funcionários dos correios da região marcavam a ocasião afixando medalhas ou placas em sua coleira. No final elas se tornaram tão numerosas e pesadas que o presidente dos correios, John Wanamaker, mandou fazer um arreio especial para que Owney tivesse mais lugar para as medalhas. Mesmo assim, a maior parte das centenas que ele acumulou teve simplesmente de ser guardada. Se ele usasse todas não seria capaz de se mover.

Sua maior excursão aconteceu em 1895, quando o diretor de Tacoma, em Washington, mandou Owney em uma turnê mundial. O cachorro e seu companheiro carteiro visitaram a Ásia e o Oriente Médio e atravessaram os Estados Unidos até voltar para Tacoma, depois de 113 dias na estrada.

Estima-se que Owney tenha viajado cerca de 225.000 km em toda a sua vida, na companhia de diversos carteiros. Quando faleceu, em 1897, os "colegas", muito tristes, juntaram dinheiro para empalhá-lo. Depois de anos em uma caixa de vidro no quartel-general do Departamento dos Correios em Washington, Owney foi transferido para o Instituto Smithsoniano em 1911. Hoje ele mora no Museu Nacional dos Correios, ainda usando seus arreios originais cobertos de medalhas.

POMPEY

O CACHORRO QUE SALVOU UMA DINASTIA

O homem conhecido como o Pai da Holanda, Guilherme I, Príncipe de Orange, subiu ao poder após anos de manobras e de guerra feroz. Mas, não fosse pela vigilância de um pequeno pug chamado Pompey, o monarca que levou os holandeses à liberdade poderia ter morrido na ponta de uma espada espanhola.

Alemão de nascimento, Guilherme tornou-se governador dos Países Baixos em 1559, a mando do rei Felipe II, da Espanha. Mas os espanhóis governavam a área com tamanha mão de ferro que Guilherme e os holandeses se tornaram descontentes. Finalmente, a população se levantou em revolta, e Guilherme ajudou a liderá-la. Os espanhóis foram expulsos após anos de guerra sangrenta, e dezessete pequenos estados dos Países Baixos fundiram-se na nação hoje conhecida como Holanda. Guilherme, agora chamado de "Pai da Pátria", tornou-se governante hereditário; a bandeira e o escudo de armas da Holanda foram baseados em sua própria flâmula e escudo. Mais importante ainda, seu descendente direto, Guilherme III de Orange, se tornaria rei da Inglaterra e Escócia.

Mas toda a glória teria parecido uma fantasia em 1572, quando Guilherme ainda estava no auge da guerra com a Espanha. Tarde da noite, depois que seu exército acampou e ele foi dormir, os espanhóis promoveram um ataque ousado. O assalto pegou os holandeses completamente de surpresa. Mas, como o príncipe dormia ao lado de seu adorado pug de estimação, Pompey, o cãozinho ouviu os inimigos e acordou seu dono com latidos. Guilherme, que poderia ter sido morto ou capturado no ataque-surpresa, saiu da tenda e cavalgou para longe, escapando por pouco da morte ou captura.

Deste dia em diante, em homenagem à atitude de Pompey, Guilherme sempre manteve um pug ao seu lado – a imagem de um deles foi até mesmo esculpida em seu túmulo. E, por todo o tempo em que a dinastia durou, os pequenos cães que salvaram a casa de Orange estiveram fortemente associados a seus membros.

O TERRA-NOVA DO PESCADOR

O CÃO QUE AJUDOU NAPOLEÃO A CHEGAR A WATERLOO

Dizem que Napoleão Bonaparte, imperador da França, odiava cães, portanto ele deve ter achado particularmente irritante dever sua vida a um deles.

Em 1814, uma coalizão que incluía Grã-Bretanha, Rússia e Prússia baniu Napoleão para a ilha de Elba, bem ao lado da costa da Itália. Em 10 meses Napoleão conseguiu escapar e retornar à França. Para enganar as esquadras inglesas, ele planejou deixar a ilha em um pequeno barco sob a proteção da escuridão, em uma noite chuvosa; um plano particularmente perigoso para alguém que não gostava do mar e, segundo relatos, nem sabia nadar.

Na hora marcada ele embarcou corajosamente em um barco que iria levá-lo pelas águas agitadas até o navio de guerra francês *Inconstant*. Em certo momento, talvez para parecer mais heroico, o grande conquistador tomou a decisão não muito sábia de ficar de pé na proa da pequena embarcação – um erro quase fatal. Napoleão caiu para fora do barco no Mediterrâneo escuro. A tripulação do barco, esforçando-se nos remos, não percebeu sua desaparição e continuou remando, deixando-o para trás.

A única criatura que percebeu o sumiço inesperado foi um cão terra-nova preto e branco que estava a bordo de um barco de pesca próximo. O cão pulou na água e nadou até o imperador desesperado, que se agarrou a ele durante os preciosos minutos que os homens do barco levaram para perceber que precisavam voltar. Napoleão foi finalmente puxado a bordo, gelado e exausto, mas vivo, graças à oportuna intervenção do companheiro de um pescador.

O cão, sem dúvida, voltou para a embarcação de seu dono sem ter consciência do papel essencial que desempenhara na história. Napoleão, refeito, voltou para a França e assumiu o poder. Seus numerosos inimigos uniram-se contra ele, e as duas forças se encontraram em 18 de junho de 1815 na fatídica batalha que para sempre encerrou os sonhos de poder do imperador – Waterloo.

Depois de muitas vidas perdidas, o plano de Napoleão para conquistar a Europa chegou ao fim. Poucos percebem hoje que, se não fosse pelo heroísmo de um humilde cachorro da ilha de Elba, sua última aposta para controlar o continente nunca teria acontecido.

BOYE
O CACHORRO QUE NUNCA PERDEU UMA BATALHA

Durante a Guerra Civil inglesa, um dos homens mais hábeis a serviço do rei era o príncipe Rupert do Reno. O rei Carlos indicou Rupert, guerreiro nato e experiente cavaleiro, para comandar a cavalaria real em 1642. O ousado e audacioso soldado venceu inúmeras batalhas contra os inimigos de seu reino.

Alguns atribuíam seu sucesso a táticas brilhantes, mas outros viam nele algo mais sinistro. De acordo com a história, o companheiro constante de Rupert era um cão poodle branco chamado Boye. Os inimigos do príncipe acreditavam que o cão era um demônio que o auxiliava com poderes mágicos. Desenhos da época mostram Rupert sempre na companhia do cão. Curiosamente, as imagens feitas pelos inimigos retratam Boye não como um poodle, mas como um híbrido macabro de lobo e dragão.

Talvez os adversários de Rupert tivessem alguma razão. O general e seu companheiro Boye avançaram de vitória em vitória até a inevitável batalha de Marston Moor. Lá o pobre cachorro foi alvejado por soldados inimigos e morreu. Rupert, pela primeira vez em sua carreira militar, foi derrotado.

FORTUNE
O CÃO QUE SEPAROU O CASAL BONAPARTE

Algumas vezes cachorros muito pequenos podem desempenhar papéis muito grandes na história da humanidade. Vejamos a vida de Fortune, pug que pertencia a uma aristocrata francesa chamada Marie-Josephe-Rose de Beauharnais. Rose, como era conhecida, foi aprisionada depois da Revolução Francesa, pelo simples fato de ser aristocrata, como seu marido, o visconde Alexandre Beauharnais.

Mas o pior estava por vir. Alexandre foi guilhotinado, e parecia que sua esposa iria segui-lo a menos que fosse capaz de fazer algo para salvar a própria vida. Rose foi proibida de mandar cartas para fora da prisão e só tinha autorização para receber algumas poucas visitas escolhidas. No entanto, era permitido que recebesse sua pug, Fortune. Os carcereiros nunca perceberam que muitas vezes a cadelinha partia levando um bilhete, sob a coleira de veludo, endereçado aos amigos influentes de Rose que haviam permanecido no poder. Quando uma mudança no governo francês afastou a ameaça de execução iminente, essas pessoas conseguiram sua libertação.

Não é de admirar, então, que Rose tivesse sua cúmplice em tão alta conta. A cadela dormia com ela, e nada, nem mesmo a presença de um novo marido, poderia mudar isso – mesmo que o novo marido fosse Napoleão Bonaparte, futuro imperador da França. Napoleão, que ela conheceu pouco depois de ganhar a liberdade, preferia chamar sua noiva de Josephine em vez de Rose. Os dois se casaram em 9 de março de 1796, mas houve um pequeno problema na noite de núpcias. Fortune, acostumada a dormir sozinha com Josephine, não estava inclinada a ceder seu lugar para um usurpador. Napoleão não desejando ter plateia em sua lua de mel, queria que ela saísse. De acordo com a lenda, Josephine disse ao imperador: "Se ela não dormir em nossa cama, eu também não durmo!".

Napoleão, sem se deixar vencer, tentou pegar a cadela em seus braços. Por isso recebeu uma mordida feroz, cuja cicatriz ele carregaria pelo resto da vida. Foi assim que o grande conquistador acabou derrotado em seu próprio quarto.

O CACHORRO DO GENERAL HOWE

O CÃO QUE MUDOU DE LADO DURANTE
A REVOLUÇÃO AMERICANA

Um dos mais curiosos incidentes relacionados a cachorros ocorridos durante a Revolução Americana deu-se em 4 de outubro de 1777, na Batalha de Germantown. Nas cercanias de Filadélfia, enfrentaram-se o exército britânico, comandado pelo general William Howe, e o exército norte-americano, sob o comando do general George Washington. A luta sangrenta durou um dia inteiro e finalmente terminou quando os americanos, cercados e sem suprimentos, foram forçados a se retirar.

Na confusão que se seguiu, um dos personagens da batalha aproveitou a oportunidade para mudar de lado. O cachorro de Howe seguiu-o ao campo de batalha, mas depois da luta o cão, confuso – e sem dúvida desinteressado nas ramificações políticas do que seus parceiros humanos –, retirou-se do campo com o exército errado. Algum tempo depois, foi recolhido por uma patrulha americana, que rapidamente notou que sua coleira trazia uma placa de prata dizendo que pertencia ao comandante britânico. O animal foi levado imediatamente à presença de Washington, e a questão (junto com o cão) foi colocada em suas mãos.

Provavelmente se pensou em manter o cão como espólio de guerra. Mas Washington, um homem que amava cães, fez algo completamente contrário ao espírito da guerra. Depois de providenciar que o cão fosse alimentado e tratado, ordenou que o levassem de volta às linhas britânicas com a seguinte nota: "Cumprimentos do General Washington ao General Howe. Ele tem o prazer de devolver um cachorro, que caiu acidentalmente em suas mãos, e que pela inscrição na coleira parece pertencer ao General Howe".

Diz-se que o general Howe ficou extremamente feliz com o inesperado retorno de seu animal de estimação. E alguns dizem que ele encontrou uma segunda mensagem de Washington em um pequeno pedaço de papel, dobrado e escondido sob a coleira. Seu conteúdo, se a história é verdadeira, permanece desconhecido. O que se sabe é que Howe, que havia começado seu trabalho nas colônias com a intenção de perseguir a rebelião até sua completa destruição, desse dia em diante pareceu menos inclinado a servir como arquiteto do fim da revolução. Talvez o simples fato de ter seu cachorro devolvido tenha contribuído para que passasse a ver seus inimigos como seres humanos e não apenas como rebeldes.

URIAN
O CACHORRO QUE FUNDOU A IGREJA DA INGLATERRA

Todos sabem que Henrique VIII da Inglaterra teve muitas esposas, mas algumas pessoas podem não ter se dado conta de que ele passou por tantas amantes porque estava desesperado para encontrar uma mulher que lhe desse um herdeiro homem. Em 1525, enfurecido com a inabilidade de sua primeira esposa, Catarina de Aragão, para gerar um filho, Henrique começou a flertar com uma jovem cortesã chamada Ana Bolena. Logo ele estaria falando abertamente em se divorciar de Catarina e se casar com seu novo alvo amoroso (ou, mais provavelmente, de luxúria).

O problema é que ele precisava que o Papa anulasse seu casamento. Mas a Igreja Católica recusou seu pedido, especialmente porque Henrique já havia recebido uma dispensa especial que lhe permitira casar com Catarina. Mesmo assim, Henrique gastou anos e uma grande quantidade de dinheiro tentando fazer o papa Clemente VII ver as coisas do seu jeito. Finalmente, depois de negociações intermináveis conduzidas pelo car-

deal Wolsey, emissário do rei, Henrique parecia prestes a conseguir o que desejava. A lenda diz que Wolsey ia se encontrar pessoalmente com o papa para acertar os últimos detalhes.

De acordo com o que se conta, Wolsey levou seu galgo preferido, Urian, na visita ao papa. Como qualquer cavalheiro, ele amarrou o cão discretamente à porta e se aproximou com a intenção de beijar os pés do pontífice.

Infelizmente, Urian não entendeu o que estava acontecendo. Quando viu o papa erguer o pé, concluiu que o pontífice planejava atacar seu dono. Urian atacou primeiro, entrando na sala e mordendo ferozmente a canela do papa. Ferido, afastou-se o mais rápido que conseguiu, jurando jamais fazer um acordo com Henrique VIII.

Wolsey caiu em desgraça, e Henrique, ainda com a intenção de produzir um herdeiro, foi forçado a tomar medidas drásticas. Em 1533, casou-se com Ana Bolena, cortou laços com a Igreja Católica e, pouco depois, declarou-se chefe da nova Igreja da Inglaterra. Pode-se imaginar que, diante das consequências de sua ira, o papa considerou que teria sido melhor ter colocado um curativo no pé e continuado com a reunião.

SHANDA
A CADELA QUE FOI PREFEITA

Durante um longo tempo o pequeno município de Guffey, no Colorado, foi mais uma cidade-fantasma do que qualquer outra coisa. Localizada na extremidade sul de um grande vale o chamado South Park (o mesmo do desenho animado), Guffey chegou ao auge no final do século XIX, quando a corrida do ouro a transformou numa típica cidade de fronteira. Infelizmente não havia minério suficiente para sustentar o crescimento da cidade, que foi praticamente abandonada alguns anos após seu apogeu.

Hoje a cidade é conhecida por três coisas: sua arquitetura no estilo velho oeste, que os poucos moradores se empenham em conservar; um festival anual de Voo de Galinhas, no qual galinhas vivas são atiradas de uma torre de 4,6 m para se ver até onde suas curtas asas conseguem carregá-las; e o fato de que nos anos 1990 o "prefeito" da comunidade haver tido uma golden retriever chamada Shanda.

A ascensão da cadela ao poder começou em 1988, quando funcionários de Park County, na comunidade de Fairplay, perceberam que haviam perdido um terreno da cidade para Guffey. Um novo mapa foi criado, colocando as cerca de duas dúzias de residentes na zona comercial, em vez de na zona residencial, e aumentando radicalmente os impostos. Os moradores iniciaram então uma espécie de rebelião, estabelecendo sua própria "zona de transição", com uma estrutura de impostos mais tolerável. Para completar, elegeram gatos como prefeitos – primeiro um felino chamado Paisley, depois outro chamado Smudge Le Plume e finalmente um gato malhado, Whifley Le Gone. Quando Whifley deixou a prefeitura, em 1993, para viver em um rancho, o posto foi usurpado pela cadela Shanda.

Com um golpe de estado, ela conseguiu o emprego porque seu dono, Bruce Buffington, comprou o armazém – geral da cidade, que também abrigava o escritório do prefeito. Não é de admirar que colocar um cachorro no comando tenha chamado a atenção da imprensa. Buffington e Shanda apareceram juntos no programa de *Oprah Winfrey*. Mas o reinado da cadela só durou até 1998, quando os moradores de Guffey elegeram outro gato, Monster, para o cargo. Seu escritório é um sofá velho, na frente de uma velha garagem que abriga uma loja chamada Antiguidades Última Chance.

SAUCISSE
O CACHORRO QUE CONCORREU À PRESIDÊNCIA DA FRANÇA

A eleição presidencial da França de 2002 revelou-se um assunto decididamente desinteressante e nada inspirador. Os dois candidatos mais importantes eram o então presidente, Jacques Chirac, prejudicado por diversos escândalos políticos, e seu principal rival, o superconservador (pelo menos para os padrões franceses) e nada popular primeiro-ministro socialista Lionel Jospin. Chirac venceu facilmente, com 82% dos votos. Os eleitores ficaram tão pouco entusiasmados com a escolha entre os candidatos que alguns dos próprios correligionários de Chirac o apoiavam com o pouco favorável *slogan* "votem no corrupto, não no fascista".

As outras opções eram fornecidas por alguns partidos pequenos ou indivíduos sem chance real de vencer, mas longe de serem sem-graça. Pegue-se, por exemplo, a candidatura de um cachorro chamado Saucisse. Esse cão com inclinações políticas era um veterano eleitoral, tendo ganho 4% dos votos em uma eleição municipal em Marselha.

Inspirado nessa *performance* modesta, Saucisse juntou-se ao grande grupo de pequenos candidatos que buscavam a presidência. À primeira vista o vira-lata parecia perfeito para o mundo cão da política, já tendo sobrevivido ao mundo mais cão ainda das lutas de cachorros, no qual o pequeno "salsicha" era usado como isca para provocar os combatentes. Infelizmente sua corrida para o Executivo teve curta duração. Ele foi eliminado antes da eleição geral por não conseguir obter o mínimo de quinhentas assinaturas dos *grands electeurs* – um grupo de cerca de cinquenta mil políticos de nível médio, incluindo prefeitos, vices e representantes dos territórios ultramarinos do País. As assinaturas são necessárias para impedir candidaturas "frívolas", mas os oponentes dizem que essa medida é um bloqueio não democrático para impedir uma participação eleitoral mais ampla.

É uma pena que não tenham convencido quinhentos a apoiarem Saucisse. Mesmo que sua presença na eleição fosse pouco séria, teria sido interessante. O tédio – e a desilusão pública com políticos de duas pernas – foi o que deu a Saucisse seu apelo popular (reconhecidamente pequeno). "Saucisse está mandando um aviso aos políticos, mostrando que, se não melhorarem, vamos preferir votar em um cachorro", disse o dono do cão, Serge Scotto.

OUTROS CÃES DE DESTAQUE

LADDIE BOY: o airedale terrier de estimação do presidente americano Warren G. Harding. Cerca de 19 mil garotos entregadores de jornal contribuíram com um centavo cada um para erguer uma estátua de cobre deste cão.

WILLY: o bull terrier que foi companheiro de guerra do general americano George S. Patton. Chamado no início William, o Conquistador, tornou-se depois "Willy", em razão de sua natureza tímida.

NERO: o cão de guarda original da Casa da Moeda dos Estados Unidos na Filadélfia. Segundo a lenda, a antiga versão do selo do Tesouro mostra Nero guardando a chave de uma caixa-forte da Casa da Moeda.

BELFERLEIN: esse lulu da pomerânia pertenceu ao líder da Reforma Protestante, Martinho Lutero, e foi mencionado muitas vezes em seus trabalhos impressos. Para assegurar aos filhos que seus animais de estimação teriam um lugar para ir depois que morressem, Lutero desviou-se um pouco de seu caminho para declarar que era permitido aos cães entrar no paraíso.

O PAPILLON DE MARIA ANTONIETA: esse pequeno cão de companhia acompanhou a rainha da França até a guilhotina. Depois de sua execução, o cachorro foi adotado por uma família que vivia em Paris, num lugar conhecido hoje como Casa Papillon.

GELERT
O CACHORRO LEAL QUE INSPIROU UMA LENDA

Perto da cidade de Beddgelert, no norte do País de Gales, existe um monte coberto de grama e sombreado por árvores que supostamente abriga os restos de um nobre cão de caça – um cão ainda mais nobre do que seu dono, que foi príncipe de Gales. Um mal-entendido trágico entre eles forneceu as sementes para uma das lendas mais tristes daquele país.

Acredita-se que a história tenha se passado no século XII, quando o Rei João da Inglaterra deu um grande cão de caça, chamado Gelert, de presente a seu aliado galês, Llewelyn, o Grande. O cão e o rei tornaram-se amigos rapidamente, e Gelert logo mereceu tanta confiança que recebeu a importante tarefa de ser o guardião do filhinho de Llewelyn. Mas um dia a tragédia ocorreu – o rei encontrou o quarto do bebê revirado, o berço vazio e Gelert parado ali perto com a boca cheia de sangue. Deduzindo o pior, o rei sacou sua espada e matou o cachorro. Só então ouviu os gritos de seu filho. Encontrou-o embaixo do berço, intacto – com um lobo morto a seu lado. Gelert o havia salvado. Llewelyn, arrasado pelo remorso, deu ao cachorro um funeral de herói na cidade de Beddgelert (que significa "túmulo de Gelert" em galês). O túmulo permanece como memorial à fidelidade canina e ao perigo das conclusões precipitadas.

BLAIR
O PRIMEIRO CÃO ASTRO DE CINEMA

Pergunte qualquer um o nome do primeiro collie a ficar famoso no cinema, e provavelmente não vão dizer "Blair". Ainda assim, em 1905, décadas antes da estreia de Lassie nas telonas, um inofensivo cão doméstico tornou-se uma sensação no filme britânico *Rescued by Rover*.

O filme mudo de seis minutos foi obra do produtor Cecil M. Hepworth. Considerado um dos filmes de menor orçamento já feitos, mostrava a história de um cachorro que salva um bebê sequestrado por ciganos.

Rescued by Rover foi um empreendimento familiar. A esposa de Hepworth escreveu o roteiro; ela e Hepworth (que também dirigiu, produziu e ajudou a construir os cenários) interpretaram os pais do bebê roubado; sua filhinha Elizabeth fez o papel do bebê; e o papel-título foi representado pelo animal de estimação da família, um pequeno collie chamado Blair. O projeto inteiro foi escrito, filmado e editado em questão de dias, pelo valor declarado de 7 libras, treze shillings e seis pences.

O filme se tornou uma verdadeira sensação instantaneamente. *Rescued by Rover* tornou-se tão popular que Hepworth teve de refilmá-lo mais duas vezes, porque a película original ficou desgastada com cópias. No total, cerca de quatrocentas cópias foram distribuídas ao redor do mundo.

Não é de admirar que o projeto tenha inspirado algumas sequências. Na primeira, *Dumb Sagacity* (1907), "Rover" contracenou com o cavalo que havia estrelado, um ano antes, a produção barata de Hepworth *Beleza Negra*. Um filme de 1908, com o título não muito criativo de *O cão engana os sequestradores*, ficou mais perto da primeira história que tornou Rover famoso. Nele o mascote da família Hepworth resgata mais um bebê, desta vez fugindo com ele de automóvel. O "efeito especial" foi conseguido com Blair sentado no lugar do motorista com as patas dianteiras no volante. Hepworth é que dirigia de verdade, agachado no assoalho. Hoje, *Rescued by Rover* é lembrado por duas grandes razões. Em primeiro lugar ele foi pioneiro em algumas técnicas de edição bastante sofisticadas que logo se tornariam ferramentas-padrão em todos os filmes. Além disso, levou o nome artístico Blair se tornar comum. Antes do filme, quase ninguém chamava seus cães de Rover. Depois dele, tantas pessoas usaram nome que ele se tornou um clichê.

BEAUTIFUL JOE

O CACHORRO MALTRATADO CUJA "VIDA"

SE TORNOU UM *BEST-SELLER*

Muitos escritores sofrem para ganhar fama, mas poucos sofreram tanto quanto um pobre vira-lata canadense do século XIX chamado Beautiful Joe. O cão viveu na cidade de Meaford, Ontário, e passou os primeiros anos nas garras de um dono truculento que lhe cortou orelhas e o rabo. Ele foi resgatado em 1890 por uma moradora da região, Louise Moore, que cuidou dele até ficar bom – e, apesar de sua aparência, chamou-o de Beautiful Joe (Lindo Joe). Não muito tempo depois, a irmã do noivo de Moore, a escritora Margaret Marshall Saunders, foi passar uma temporada na pequena cidade. Ficou tão tocada pela emocionante história de sobrevivência de Beautiful Joe que decidiu escrever um livro sobre ele.

Na verdade, ela decidiu escrever o livro usando o nome dele como pseudônimo. Com o peculiar recurso de escrever como se o amigo de quatro patas estivesse contando a própria história – uma abordagem pioneira utilizada com sucesso considerável no então recentemente lançado *Beleza Negra* –, ela escreveu uma "autobiografia" do azarado cão, chamada simplesmente *Beautiful Joe*. Publicado em 1894, o livro se tornou um sucesso instantâneo. Foi o primeiro livro canadense a vender mais de um milhão de cópias (as vendas passaram de sete milhões no final dos anos 1930), tendo sido traduzido para mais de uma dúzia de línguas. A sequência, *Beautiful Joe's Paradise*, foi publicada em 1902.

Em 1934 Saunders foi nomeada Comandante do Império Britânico em reconhecimento a sua contribuição ao bem-estar dos animais. A narrativa em primeira pessoa, "humanizou" o sofrimento do protagonista de uma forma que um relato convencional provavelmente não teria conseguido.

A história teve um final feliz, tanto na literatura quanto na vida real. Depois de escapar de seu dono cruel, Beautiful Joe viveu uma vida longa e interessante. Ele teve até mesmo a satisfação de levar seu antigo dono à justiça surpreendendo-o no ato de invadir uma casa. Hoje, a cidade o homenageia com o Parque Beautiful Joe, localizado no coração de Meaford, não muito longe de onde Joe passou seus dias mais felizes.

MAN RAY
O CACHORRO QUE SE TORNOU UMA OBRA DE ARTE

Poucos grandes artistas têm a atenção de uma musa tão constante e obediente – para não dizer tão peluda – quanto aquela que ajudou a construir a carreira de William Wegman, que é mundialmente famoso por fotografar seus animais de estimação – um pelotão inteiro de weimaraners circunspectos e reservados. Suas fotos estão em institutos culturais ao redor do mundo, incluindo o Museu Whitney de Arte Americana e o Museu Smithsoniano de Arte Americana.

Wegman entrou acidentalmente no ramo da fotografia de cães. Originalmente formado como pintor, ele dava aulas na Universidade Estadual da Califórnia, em Long Beach, quando adquiriu um desajeitado cão weimaraner que chamou de May Ray, em homenagem ao artista expressionista de mesmo nome. Na época, Wegman tentava produzir vídeos conceituais, e May Ray tinha o hábito de invadir as cenas. Em vez de afastá-lo, o artista decidiu deixar a natureza seguir seu curso e filmou o cão. Man Ray, com suas expressões impassíveis, revelou-se um artista natural. Em meados dos anos 1970, as fotos e os vídeos de Wegman conquistaram a crítica e uma imensa audiência popular, aparecendo em todos os lugares, de exposições em galerias exclusivas a programas de televisão, como o *Saturday Nigth Live* e *The Tonight Show*.

O artista começou então a achar que as pessoas pareciam interessadas apenas em olhar fotos de seu cão. Durante um ano ele parou de tirar fotos de Man Ray. Mas em 1978 seu fiel colaborador desenvolveu um caso grave de câncer de próstata – tão grave que o veterinário de Wegman recomendou qu fosse sacrificado. Em vez de seguir o conselho, Wegman optou por um tratamento agressivo, e Man Ray sobreviveu. Seu dono deixou de lado a promessa de não tirar mais fotos, e logo o weimaraner estava em toda parte de novo. Quando Man Ray faleceu, em 1982, era tão conhecido na cena artística de Nova York que o *Village Voice* o nomeou "Homem do Ano"[1].

Seu trabalho teve prosseguimento muitos anos depois, quando Wegman adquiriu (e começou a fotografar) uma fêmea wei-

1 – Jogo de palavras que só faz sentido em inglês, porque *man*, além de significar homem, também era o nome do cachorro. (N. do T.)

maraner chamada Fay Ray. Quando Fay teve uma ninhada de dez filhotes, em 1989, nasceu uma franquia. Hoje a matilha de Wegman aparece em todos os lugares, de cartões postais a ímãs de geladeira.

BOATSWAIN

O CÃO CUJA MORTE INSPIROU UM POEMA CLÁSSICO

O poeta do século XIX *Lord* George Gordon Byron era, segundo todos os relatos, uma figura. Um dos nomes mais importantes do movimento romântico, ele foi um escritor prolífero e produziu versos de genialidade inegável. Até ajudou a inspirar sua amiga Mary Shelley a escrever *Frankenstein* durante um concurso de histórias de terror de improviso.

Mas, enquanto seus poemas eram sublimes, sua vida pública e privada era tida como ridícula. Descrito por uma de suas inúmeras ex-amantes como "louco, mau e perigoso", ele passou a maior parte de sua curta vida com hábitos extravagantes, adquirindo dívidas enormes, tendo envolvimentos eróticos com qualquer mulher, fosse nobre ou camareira, e participando, algumas vezes com grande risco, de movimentos revolucionários na Europa. Foi durante uma dessas aventuras improváveis – lutando pela independência da Grécia contra o Império Turco, em 1824 – que ele morreu de febre.

Entre seus muitos interesses quase obsessivos, Byron foi um legendário amante dos animais. Possuiu, em diferentes momentos da vida, um texugo, uma águia, um crocodilo, um urso e diversas outras criaturas. Mas nenhum membro dessa vasta coleção esteve mais próximo dele do que um cão terra-nova chamado Boatswain.

Por algum tempo os dois foram companheiros inseparáveis. Quando o cão contraiu raiva, Byron cuidou dele pessoalmente, ignorando o perigo real de ser mordido. Quando o animal morreu e foi enterrado, Byron escreveu um de seus mais conhecidos poemas em homenagem ao amigo, o *Epitáfio a um cão*. Suas palavras amorosas podem ser aplicadas a quase todo cão fiel que tenha iluminado uma vida humana com sua presença. Parte do poema segue abaixo:

Perto daqui estão depositados os despojos daquele que possuía Beleza sem Vaidade, Força sem Insolência, Coragem sem Ferocidade, e todas as virtudes do Homem sem seus Vícios. Este elogio, que seria uma Adulação sem sentido se escrito fosse sobre Cinzas humanas, é somente um justo tributo à Memória de BOATSWAIN, um CÃO que nasceu em Newfoundland, em maio de 1803, e morreu em Newstead, em 18 de novembro de 1808.

O companheiro de Byron está enterrado na Abadia de Newstead, em um túmulo encimado por um monumento onde se lê o tributo do poeta – e que é maior do que o monumento sobre o túmulo do próprio Byron.

BOUNCE

O CACHORRO QUE SALVOU A VIDA DE ALEXANDER POPE

Alexander Pope foi um dos maiores poetas do começo do século XVIII. Apesar de um leitor casual poder ignorar seus maiores trabalhos, como *O Rapto da Madeixa*, quase todos se lembram de suas observações e comentários concisos e inteligentes. Foi Pope quem inventou frases conhecidas como "Errar é humano, perdoar é divino", e "Os tolos vão correndo aonde os anjos têm receio de pisar". Mas muitas dessas frases poderiam nunca ter sido proferidas sem a oportuna intervenção do dogue alemão de Pope, Bounce.

Por toda a vida, Pope sempre teve por perto grandes cachorros, geralmente da raça dogue alemão e geralmente chamados Bounce. Eles eram em parte companheiros, em parte guarda-costas. O hábito do poeta de atacar críticos, outros escritores e profissionais proeminentes através de seus trabalhos satíricos fez com que ele tivesse uma longa lista de inimigos, alguns dos quais (Pope temia) poderiam partir para a violência física. Como Pope tinha apenas 1,37 m de altura e era gravemente debilitado por uma forma de tuberculose que ataca a espinha, ele não era páreo para ninguém. Por essa razão, de acordo com sua irmã, ele nunca saía para um passeio sem pistolas em seus bolsos e sem o leal Bounce a seu lado.

O atento companheiro canino realmente salvou sua vida uma noite, mas não de alguém que ele tivesse atacado em seus trabalhos. O mordomo de Pope inesperadamente pediu demissão, e um substituto foi arranjado às pressas. Na mesma noite, Pope acordou e surpreendeu o novo mordomo se aproximando de sua cama com uma faca. Sabendo que o poeta era muito fraco para resistir, o homem pretendia matá-lo e roubar o dinheiro que Pope tinha em casa. Mas o novo mordomo não tinha previsto a presença de Bounce, que, saindo de baixo da cama, derrubou o quase assassino no chão e pediu ajuda com seus latidos magníficos.

Com a ajuda de Bounce, Pope viveu para continuar escrevendo e para fazer a seguinte observação, extremamente verdadeira: "As histórias têm mais exemplos de fidelidade dos cães do que de amigos".

PEPS E FIPS

OS CÃES QUE AJUDARAM WAGNER A COMPOR SUAS ÓPERAS

O grande compositor Richard Wagner teve pela vida inteira um grande amor pelos cachorros, e dois deles, na verdade, ajudaram-no a trabalhar. O primeiro, Peps, foi uma inspiração peluda. Wagner tirava as notas ao piano, então olhava para ver se Peps, sentado em sua própria banqueta, aprovava. Wagner percebeu que o cachorro mostrava reações distintas a certas frases musicais, o que lhe deu a ideia, então nova, de associar, em suas óperas, melodias particulares a personagens, locais ou estados de espírito específicos.

Armado com esse *insight* canino, Wagner começou a composição de sua obra-prima, uma coleção de quatro óperas conhecidas como *O anel de Nibelungo*. Mas, antes de o grande maestro terminar, Peps adoeceu e morreu. Wagner ficou arrasado, mas logo comprou um novo cão, chamado Fips. Um dia, enquanto continuava a trabalhar no ciclo do anel, Wagner levou Fips para passear no parque. Enquanto o cachorro corria para frente e para a trás, brincando com as folhas secas, o compositor percebeu um ritmo contagiante nos passos de Fips, que decidiu incorporar em sua música. Assim, na ópera *Siegfried*, a passagem denotando a jornada do personagem-título por uma floresta teve origem nos passos de Fips.

CHARLEY

O CACHORRO QUE INSPIROU JOHN STEINBECK

Muitos escritores possuem colaboradores. Foi o caso de John Steinbeck, vencedor do Prêmio Pulitzer, autor de obras como *A Leste do Éden* e *As Vinhas da Ira*, entre outros livros importantes. Era 1960, e Steinbeck, com quase sessenta anos, se recuperava de um derrame. Mas ele não queria se comportar como um inválido. Por isso saiu em uma viagem pela estrada. Comprou um *motor home* adaptado, que chamou de *Rocinante*, em homenagem ao cavalo de Don Quixote. Ele e seu companheiro de viagem – um poodle standard preto, Charley – pegaram a estrada em 23 de setembro de 1960. Os dois passearam por 19.000 km, através de 37 estados e parte do Canadá, antes de voltar para casa em Nova York, em janeiro de 1961.

Acontece que Charley valeu mais que seu peso na viagem. O grande poodle era extremamente útil para quebrar o gelo quando Steinbeck queria bater papo com estranhos. Bastava andar na direção da pessoa junto com Charley. O cachorro também era um ouvinte atencioso; durante o longo percurso os dois discutiram assuntos que iam dos problemas da vida nas cidades pequenas à discriminação racial. Isso compensou bastante o fato de que, por causa da reação violenta de Charley a um urso que encontrou na estrada, foram forçados a partir rapidamente do Parque Nacional de Yellowstone.

O relato de viagem de Steinbeck, apropriadamente chamado *Viagens com Charley*, foi publicado no verão de 1961 e teve grande sucesso junto ao público e à crítica. Steinbeck faleceu em 1968, mas a crônica da vida na estrada com seu cão continua viva. O *trailer* que usou em sua jornada foi preservado para a posteridade no Centro Nacional Steinbeck, em Salinas, Califórnia. E seu companheiro de viagem, o fiel Charley, também foi imortalizado na prosa de Steinbek. "Ele é um bom amigo e companheiro de viagem e prefere viajar a qualquer outra coisa que possa imaginar..." "Se ele aparece demais neste relato, é porque contribuiu muito para a viagem."

BLACK SHUCK

O CÃO DEMONÍACO QUE INSPIROU UM LIVRO FAMOSO

Desde que os homens começaram a habitar a costa pantanosa da Inglaterra, conhecida hoje como East Anglia, contam-se histórias relacionados a um gigantesco cachorro preto que assombra a região. Relatos de supostas testemunhas oculares são apavorantemente similares. Um viajante solitário, em uma noite fria e escura, de repente ouve o som de patas gigantescas atrás de si. Ele se vira e vê um enorme cachorro preto se materializar do nada e encará-lo com olhos vermelhos e brilhantes. Quase sempre o espectro não faz qualquer esforço para machucar suas vítimas – pelo menos não imediatamente. Diz a história que qualquer um que se deparar com o cachorro preto morrerá dentro de doze meses.

Existem diversas teorias, nenhuma muito reconfortante, sobre como Black Shuck, também conhecido como Black Dog, ganhou esse nome tão diferente. Muitos acreditam que ele venha da palavra anglo-saxônica *scucca*, que significa "demônio", ou de Shukir, o cão de guerra dos deuses Odin e Thor na mitologia nórdica. Sua aparição mais terrível teria ocorrido em 4 de agosto de 1577, quando Black Shuck invadiu duas igrejas de Suffolk. Uma em Bungay, onde o cão do inferno supostamente fez a torre da igreja desmoronar, matou dois paroquianos e fez com que um outro ressecasse e encolhesse "como um saco murcho". No mesmo dia ele supostamente invadiu outra igreja na cidade vizinha de Blythburgh, deixando marcas de queimaduras na porta da frente que ainda hoje podem ser vistas.

Há relatos de aparições de Black Shuck quase até os dias de hoje. Durante a década de 1890, marinheiros recolheram um garoto em mar aberto que supostamente teria nadado até lá para fugir de um cachorro demoníaco que o perseguia. Nas décadas de 1920 e 1930, pescadores regularmente contavam escutar o uivo de um cão vindo de algum lugar da costa. E, em 1970, jornais britânicos noticiaram a aparição de um cachorro anormalmente grande andando pela praia em Great Yarmouth.

Teria essa lenda local algum fundamento? Talvez sim, talvez não. Vamos apenas dizer que, se você se encontrar em um local ermo tarde da noite, ela provavelmente vai parecer bem real. A lenda certamente acendeu o interesse do escritor Arthur Conan Doyle, que em 1901 ouviu pela primeira vez as histórias sobre o cachorro demoníaco de East Anglia. Doyle, o criador de Sherlock Holmes, tinha acabado de retornar da guerra dos Bôeres, na qual servira como médico e onde contraíra uma febre persistente. Decidindo que descanso e distração eram o melhor remédio, ele tirou férias para jogar golfe em Norfolk com um jornalista amigo, Bertram Fletcher Robinson.

Quando não estavam no campo de golfe, os dois relaxavam no conforto do Hotel Royal Links. Lá, Robinson contou a Doyle as histórias locais de Black Shuck. O cachorro demoníaco, ele disse, gostava de correr por Mill Lane, passando perto do próprio hotel em que estavam, e entrar na propriedade Cromer Hall, nas proximidades – um lugar que Doyle já conhecia bem, pois havia ficado lá como convidado do próprio *Lord* Cromer.

Não é de admirar que o conto tenha fornecido sementes para o solo fértil de Doyle. Ele logo produziu um novo livro de Sherlock Holmes sobre um cão espectral que assombrava uma ilustre família que morava em um casarão gótico. A família ficou conhecida como os Baskervilles, nome supostamente emprestado do cocheiro da família Cromer. O vilão de quatro patas também teve o nome mudado – como o próprio livro, ele é chamado "O Cão dos Baskervilles".

LAD
O CÃO QUE SE TORNOU UM ÍCONE LITERÁRIO

Hoje o collie mais famoso é certamente Lassie, a maravilha da TV e do cinema. Mas, por algumas décadas, na aurora do século XX, o mais conhecido membro desse clã escocês de quatro patas foi um macho puro-sangue, nascido nos Estados Unidos, chamado Lad. Suas aventuras, em grande parte reais, tornaram-se famosas por intermédio do autor Albert Payson Terhune, sem dúvida o maior escritor a se dedicar quase exclusivamente a collies. Terhune nasceu em uma família rica e privilegiada de Nova Jersey. Originalmente jornalista, quando se aposentou foi viver em Sunnybank, a propriedade de verão da família em Wayne, Nova Jersey. Lá ele comprou Lad, o primeiro e, segundo suas próprias estimativas, o mais extraordinário dos muitos collies que teria durante a vida. Terhune escreveu que seu amigo "tinha um coração que não conhecia o significado do medo, da deslealdade ou da maldade. Ele era infinitamente mais do que um collie profissionalmente leal e heróico. Tinha um sutil senso de diversão e os poderes de raciocínio mais humanos que já encontrei em qualquer cachorro".

Lad, que nasceu em 1902, viveu até 1918. Um ano mais tarde, Terhune publicou algo como suas memórias – uma coleção de contos chamada *Lad: um cachorro*. O livro se tornou um *best-seller* e é impresso até hoje. Atualmente, como tudo o que se relaciona a collies fica à sombra de Lassie, é interessante lembrar que diversas gerações foram criadas ouvindo as histórias de Lad. Uma tirinha de Charlie Brown mencionou uma vez que as únicas histórias que Snoopy queria que lessem para ele eram as de Terhune. Em 1960, na série de TV *Please Don't Eat the Dayses*, o sheepdog da família foi jocosamente chamado de Ladadog.

É seguro dizer que a obra de Terhune ajudou a elevar o collie de uma simples raça de cachorros à condição de símbolo de heroísmo, inteligência e bravura caninos. Mesmo antes da morte de Terhune, em 1942, Sunnyback havia se tornado um local de peregrinação para amantes de cães do mundo todo. Hoje, algumas gerações após a morte de seu dono, a propriedade permanece como um monumento público. Milhares de visitantes passam por ali todos os anos para visitar os túmulos dos amados collies de Terhune, incluindo o de Lad. Ele fica separado dos demais, no local onde o cachorro mais gostava de dormir.

OUTROS CÃES DE DESTAQUE

SHARIK: o cão que se tornou amigo do autor russo Fyodor Dostoievsky durante o tempo em que ficou prisioneiro; foi descrito em Recordações da Casa dos Mortos.

TOBY: o rottweiler de estimação da artista Sandra Darling (também conhecida como Alexandra Day), ele serviu de inspiração (e de modelo) para a série de livros para crianças "Carl".

LAUTH: o terra-nova de J. M. Berry, autor de Peter Pan. Ele inspirou o personagem Nana, cadela de mesma raça que cuida das crianças Darling.

PIMPERL: o lulu da pomerânia de Mozart, a quem ele dedicou uma ária.

MARTHA: a sheepdog de Paul McCartney e inspiração para a canção "Martha My Dear", do Álbum Branco dos Beatles.

OLD DRUM

O PRIMEIRO MELHOR AMIGO DO HOMEM

Em frente ao tribunal de Johnson County em Warrensburg, no Missouri, existe uma estátua de bronze em homenagem a um cachorro cujo nome era Old Drum. O cão não era exatamente um nobre, mas o monumento construído após sua morte deu origem a uma das frases mais famosas relacionadas a cachorros.

A história começa em 18 de outubro de 1869 – a noite na qual o cão encontrou seu fim. Old Drum, amigo e companheiro de caçadas de um fazendeiro chamado Charles Burden, morreu com um tiro disparado por Samuel Ferguson quando vagava pela propriedade do tio de Ferguson, Leonidas Hornsby. Leonidas (que era cunhado do proprietário de Old Drum) havia perdido algumas ovelhas para cães selvagens e jurara atirar no primeiro cachorro que passasse em suas terras. Infelizmente para Drum, aconteceu de ser ele.

Burden, que considerava Old Drum mais um amigo do que uma propriedade, ficou arrasado. Recusando-se a relevar o ocorrido, ele processou

Hornsby por perdas e danos. O caso passou por três julgamentos antes de finalmente terminar em 23 de setembro de 1870, na Corte de Pedidos Comuns de Warrensburg. Burden contratou um dos maiores advogados do Missouri, George Grahem Vest, que logo seria senador dos EUA, e que era tão talentoso na oratória quanto habilidoso com as leis. Quando Vest terminou sua exposição com um "elogio" emocionante ao cachorro falecido, não havia ninguém no tribunal que não tivesse os olhos úmidos – especialmente no júri, que decidiu em favor do ainda enlutado Burden.

O que decidiu a questão? Talvez tenha sido a retórica elegante de Vest. Entre as muitas coisas elogiosas sobre Old Drum em particular e sobre cachorros em geral, ele proferiu a brilhante frase: "O amigo absolutamente sem egoísmo que o homem pode ter nesse mundo egoísta, que nunca o abandona e o amigo que nunca se mostra ingrato ou traiçoeiro é seu cachorro". Vest, com seu jeito rebuscado, cunhou a frase "o melhor amigo do homem".

O discurso vencedor valeu a Burden a quantia bem razoável de 50 dólares por danos. Ironicamente, o assassino de Old Drum, Samuel Ferguson, foi morto por um tiro alguns anos depois, em Oklahoma.

HACHIKO
O LEAL CACHORRO QUE SE TORNOU
ATRAÇÃO TURÍSTICA NO JAPÃO

Há décadas, um dos locais de encontro mais populares para viajantes de trem que passam pela estação Shibuya, em Tóquio, é a saída Shibuya Hachikoguchi, onde está a estátua de Hachiko, um grande akita, famoso no Japão por sua lealdade. Durante anos, praticamente no mesmo local que a estátua de bronze ocupa agora, Hachiko esperou pacientemente por seu amado dono – um dono que nunca voltaria.

O cão que se tornaria uma lenda foi o animal de estimação de Eisaburo Ueno, professor do departamento de agricultura da Universidade de Tóquio. Todos os dias Hachiko acompanhava o dono até a estação Shibuya e todos os dias, às 15 horas, ele se sentava na saída, esperando-o voltar. Mas um dia, em maio de 1925, o professor adoeceu no trabalho e morreu de repente. Naquela tarde, o leal Hachiko esperou obedientemente em seu lugar de sempre, decepcionando-se quando seu senhor não desceu do trem. Decepcionando-se, mas não se conformando.

Pelos onze anos seguintes Hachiko voltou para a plataforma todos os dias às três da tarde, esperando pelo professor. O cão se tornou um ornamento da estação e até recebeu um lugar para dormir em um depósito. No final, a história do cachorro chegou até os jornais, e Hachiko se tornou um ícone nacional. Uma história popular para crianças foi baseada em sua vida, e em 1934 foi constuída uma estátua de bronze em sua homenagem na estação Shibuya. O interessante é que o próprio Hachiko estava presente na inauguração. O velho cão, apesar de sua fama, manteria sua vigília solitária até morte, em 8 de março de 1935.

Durante a Segunda Guerra Mundial, a estátua original foi derretida para ser usada no esforço de guerra japonês, mas uma nova estátua foi inaugurada no mesmo local em 1948, criada pelo filho do artista que havia feito a original. Hoje a representação de Hachiko ainda espera por seu amado dono, sem saber que a espera solitária teve importantes repercussões para sua raça. Durante muito tempo o akita esteve a caminho da extinção. Agora, graças em parte à fama de seu mais conhecido representante, ele é o cachorro nacional do Japão. Hachiko continua vivo em livros e em filmes e pode ser visto, empalhado, no Museu Nacional de Ciência, em Tóquio.

ASHLEY WHIPPET

O Michael Jordan dos cachorros

apanhadores de *frisbee*

Os cachorros perseguem *frisbees* desde que esses discos de plástico foram inventados, mas foi necessário o trabalho de um cachorro excepcional para transformar esse passatempo em esporte reconhecido.

O cão chamava-se Ashley Whippet. Nascido em 4 de junho de 1971, Ashley foi comprado por Alex Stein, estudante da Universidade Estadual de Ohio, quando era um filhote. Supostamente batizado em homenagem ao personagem Ashley Wilkes de *E o Vento Levou*, com o sobrenome Whippet porque era de fato da raça whippet, o cachorro começou a perseguir *frisbees* pelo *campus* da Universidade com seis meses de idade. Apesar de outros cães fazerem a mesma coisa, Ashley o fazia com muito estilo – corria atrás dos discos a 56 km/por hora, pulava à inacreditável altura de 3 metros no ar para pegá-los e contorcia o corpo em poses artísticas que agradavam a multidão. O cão atraía pessoas em qualquer lugar que fosse.

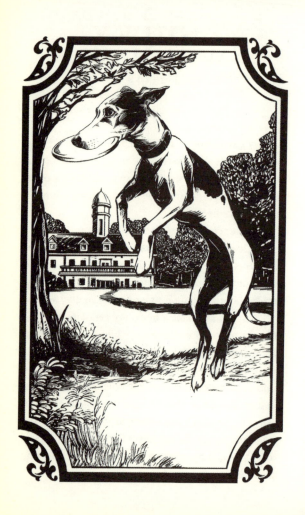

Stein decidiu se mudar para Hollywood e fazer Ashley entrar para o *show business*. Os caçadores de talentos não deram a mínima atenção a Ashley, então a dupla resolveu adotar uma abordagem mais direta. Em 5 de agosto de 1974, os Los Angeles Dodgers receberiam os Cicinnati Reds para uma partida de beisebol, transmitida em rede nacional. Stein comprou um ingresso e contrabandeou Ashley para dentro do estádio. No fim do oitavo tempo, pouco antes de os Dodgers rebaterem, ele e seu cachorro correram para o centro do campo e prontamente começaram uma rodada de arremessar e pegar. A multidão ficou tão espantada que o jogo foi interrompido. O locutor Joe Garagiola, que deveria estar narrando beisebol, passou a comentar "jogada por jogada" do cachorro.

Por aventura Stein foi multado em 250 dólares e preso por invasão. Mas a dose de exposição nacional transformou Ashley em herói esportivo canino. Ele apareceu no *Tonight Show*, no *Monday Night Football* e até mesmo durante o intervalo dos jogos do Super Bowl XII. Em 1975 o Campeonato Mundial de *Frisbee* (antes uma competição só para pessoas) inaugurou uma competição de "arremesse e pegue" para cães – Ashley venceu por três anos seguidos. Ele dominou o evento de tal forma que, em

1981, o campeonato foi renomeado como Ashley Whippet Invitational. Apesar de Ashley ter falecido em março de 1985, a competição que traz seu nome ainda atrai milhares de participantes caninos.

RIN TIN TIN
O CACHORRO QUE SALVOU UM ESTÚDIO DE CINEMA

Muitos cães são famosos por salvar vidas de pessoas. Mas um deles foi responsável por resgatar uma empresa inteira. Essa honra pertence ao legendário pastor alemão Rin Tin Tin, o astro de quatro patas das telonas cujas receitas de bilheteria salvaram a Warner Bros. da ruína.

Foi um milagre que o salvador do estúdio tenha sobrevivido quando filhote. O cachorro que se tornaria uma celebridade nasceu na França, no final da Primeira Guerra Mundial, em um canil abandonado e bombardeado. O cabo do exército dos Estados Unidos Lee Duncan encontrou-o faminto junto com a mãe e quatro irmãos. Duncan, que amava cachorros, encontrou lares para a mãe e três dos filhotes, mas ficou com um macho e uma fêmea para si mesmo. Ele os batizou em homenagem a dois personagens de marionetes francesas, Nanette e Rin Tin Tin.

Nanette morreu de raiva pouco depois de ela e seu irmão terem viajado com Duncan para sua nova casa em Los Angeles. Duncan trabalhava em uma loja de ferramentas para pagar as contas e passava o tempo livre treinando Rin Tin Tin. Convencido de que seu amigo peludo tinha um grande futuro no *show business*, escreveu um roteiro para ele chamado *Where the North Begins* e passou a oferecer tanto o roteiro como Rin Tin Tin (apelidado de Rinny) para qualquer executivo de estúdio que lhe desse alguma atenção.

Acontece que nenhum deles dava. Duncan foi recusado muitas e muitas vezes. Então, uma tarde, ele e Rinny viram uma equipe de cinema tentando filmar uma cena com um lobo, que não se mostrava disposto a cooperar. Duncan ofereceu os serviços de seu cachorro, prometendo que ele faria qualquer coisa que pedissem em uma única tomada. Depois de muita conversa, a equipe decidiu dar uma chance ao recém-chegado. Rinny, como prometido, teve uma *performance* perfeita na primeira tentativa. Nascia uma estrela.

Rin Tin Tin tornou-se o principal ator canino no filme chamado *Man from Hell's River*. Foi um grande sucesso para seu estúdio, a Warner Bros. – apesar de "estúdio" ser talvez um nome muito grandioso para uma empresa humilde que consistia em alguns empregados, algumas câmeras e quatro irmãos imigrantes da Polônia chamados

Harry, Albert, Sam e Jack Warner. Rin Tin Tin faria vinte e seis filmes para a companhia na década seguinte, tornando-se o "cachorro maravilha" e "a galinha dos ovos de ouro". Na matriz do estúdio, ninguém duvidava de que a única coisa que mantinha o monstro da falência à distância era o trabalho de um único e muito talentoso pastor alemão – um pastor alemão chamado carinhosamente de "o pagador de hipotecas".

Em determinado momento Rinny foi um nome tão grande quanto qualquer um que possa ser encontrado hoje na Calçada da Fama no Hollywood Boulevard – ele recebeu cerca de dez mil cartas de fãs no auge de sua fama. Continuou trabalhando até morrer inesperadamente em uma sexta-feira, 10 de agosto de 1932. Estava escalado para começar a gravar seu próximo filme na segunda-feira seguinte.

A prole de Rin Tin Tin tentou continuar seu legado. Um filho seu, chamado Rin Tin Tin II, continuou por um tempo nos filmes. Durante a Segunda Guerra Mundial, outro filho, Rin Tin Tin III, juntou-se a Duncan para treinar cerca de cinco mil animais como cães de guerra. Mas o verdadeiro legado de Rin Tin Tin está nas telas. Sem ele, a Warner Bros. teria afundado – e clássicos como *Casablanca* e *Rebelde sem Causa* poderiam nunca ter sido feitos.

GREYFRIARS BOBBY

O CÃOZINHO QUE SE TORNOU UM
GRANDE MONUMENTO À LEALDADE

O antigo cemitério escocês em uma igreja conhecido como Greyfriars Kirkyard aceita moradores há centenas de anos. Hoje esse ponto turístico de Edimburgo serve como local de descanso final para muitos grandes nomes, mas nenhum deles se igualar a fama de um humilde cachorro conhecido como Bobby, cuja devoção a seu falecido dono fez dele um símbolo imortal da fidelidade.

A saga de Greyfriars Bobby começou aproximadamente em 1856, quando um jardineiro chamado John Gray mudou-se para Edimburgo com sua família e conseguiu um emprego de vigia noturno. Para ter companhia em suas patrulhas, ele levava consigo seu pequenino e peludo skye terrier, Bobby. Os dois eram inseparáveis e se tornaram conhecidos nas ruas da cidade. Mas todos os anos andando e suportando todos os tipos de clima cobraram um preço de Gray, que contraiu tuberculose e morreu em 1858. Ele foi enterrado em Greyfriars Kirkyard.

Bobby recusou-se a aceitar a morte de seu companheiro. Ele começou a frequentar o cemitério, sem nunca ficar longe da sepultura de Gray, apesar dos esforços enérgicos dos funcionários do cemitério para despejá-lo. Sua devoção acabou ganhando o coração dos cidadãos locais. Um abrigo foi erguido para ele perto do local de descanso final de seu dono, e o terrier recebia refeições regulares em cafés próximos onde ele e seu dono haviam jantado juntos. Enquanto sua fama crescia, turistas começaram a se reunir na entrada do cemitério por volta da uma da tarde, esperando para ver Bobby marchar, preciso como um relógio, do cemitério para o restaurante.

O fiel cão manteve a vigília até sua própria morte, em 14 de janeiro de 1872, com dezesseis anos de idade. Como não era permitido enterrar cães em solo consagrado, deram-lhe uma sepultura próximo à entrada do cemitério. Em sua lápide se lê "Greyfriars Bobby, falecido em 14 de janeiro de 1872, com dezesseis anos. Que sua lealdade e devoção sejam uma lição para todos nós".

A inscrição parece soar verdadeira. Quase um século e meio se passou desde a partida de Bobby, mas seus feitos continuam vivos. Em 1873 uma escultura de bronze do leal cão – modelada a partir do Bobby original, então ainda vivo – foi constituída ao lado da entrada de Greyfriars Kirkyard. O café onde o pequeno cachorro e seu dono faziam suas refeições ainda funciona. Hoje ele se chama simplesmente Greyfriars Bobby.

PICKLES
O CACHORRO QUE SALVOU A COPA DO MUNDO

A Copa do Mundo de 1966 é carinhosamente lembrada por suas proezas tanto dentro quanto fora do campo. Realizada na Grã-Bretanha, teve a inesperada vitória do time da casa. Mas os acontecimentos fora do campo foram ainda mais fascinantes. Antes do torneio, a valiosa taça Jules Rimet, que tradicionalmente era conferida ao time vencedor, foi roubada – e poderia nunca ter sido encontrada não fosse pelo focinho curioso de um cachorro chamado Pickles.

Três meses antes de a Copa do Mundo começar, o troféu foi colocado em exposição no Salão Central em Westminster, Londres. Uma equipe de guardas deveria vigiá-lo o tempo todo, porque era muito valioso – tanto por razões sentimentais quanto pelo fato de ser feito de prata esterlina revestida de ouro e decorada com lápis-lazúli, valia uma pequena fortuna. Ainda assim, de alguma forma, em 20 de março de 1966, alguém conseguiu abrir a caixa o guardava e fugir com ele.

O roubo provocou uma tempestade na imprensa internacional e deu início a uma verdadeira caçada.

Um bilhete pedindo 15 mil libras de resgate foi recebido, e uma operação policial levou à captura do homem que o havia escrito. No entanto, ele afirmava ser apenas um intermediário para o verdadeiro ladrão, que conhecia como "o polonês". Apesar do intenso interrogatório, o homem que entregou o bilhete de resgate recusou-se a devolver a taça antes de a polícia lhe oferecer um acordo relativo à duração da pena e a certos privilégios.

Acontece que as autoridades não precisavam de sua cooperação. Uma semana mais tarde, enquanto David Corbett, morador de Norwood, ao sul de Londres, caminhava com seu cachorro Pickles, este encontrou um pacote enrolado em jornal embaixo de uma cerca viva. Corbett puxou o embrulho, abriu-o e encontrou a estátua de uma mulher segurando um prato acima de sua cabeça – uma mulher que parecia ser feita de ouro. Como era fã de futebol, percebeu instantaneamente que seu cachorro havia encontrado a Taça do Mundo.

Pickles tornou-se uma celebridade instantânea e até mesmo compareceu à festa da vitória do time britânico. Corbett usou o dinheiro da recompensa para comprar uma casa. No entanto, a taça Jules Rimet recusou-se a permanecer a salvo. Em 1983 foi roubada no Rio de Janeiro, e desde então nunca mais foi vista.

NIPPER

O CÃO QUE SE TORNOU UM DOS LOGOTIPOS
DE PROPAGANDA MAIS FAMOSOS DO MUNDO

Alguns logotipos de empresas, como a "voltinha" da Nike e a estrela de três pontas da Mercedes-Benz, são conhecidos ao redor do mundo. Mas poucos símbolos corporativos são tão duradouros, ou tão amados quanto o que traz um cachorro mestiço britânico chamado Nipper olhando para um antigo toca-discos. Por mais de um século essa ilustração, chamada "A voz do dono", é uma das imagens mais indeléveis da propaganda.

Tudo começou em 1887, quando o artista britânico Francis Barraud herdou um pequeno cachorro mestiço chamado Nipper (porque ele mordia – "nipped" – as pernas das pessoas). O cão foi herdado de seu falecido irmão, Mark, junto com um fonógrafo de cilindro Edison Bell e alguns discos com a voz de Mark. Nipper viveu com o artista e sua família até sua própria morte, em 1895. Muitos anos depois, em 1898, Barraud pintou um quadro de Nipper ouvindo curioso a voz de seu dono no fonógrafo de cilindro. A obra, originalmente intitulada *Cão olhando e ouvindo um fonógrafo*, foi enviada a várias gravadoras sem resultado.

Frustrado, Barraud mudou o nome para um mais agradável *A voz do dono*. Finalmente, em 1899, a nova Gramophone Company decidiu comprar todos os direitos sobre a obra – mas apenas se o artista substituísse a máquina Edison da pintura original por um modelo mais moderno. O artista concordou e recebeu cinquenta libras pela pintura e mais cinquenta pelos direitos completos. A imagem foi usada em várias peças publicitárias e se transformou em sucesso imediato. Alguns anos mais tarde, passou a ser usada em todos os lançamentos da Gramaphone e tornou-se tão presente que a companhia, apesar de nunca ter mudado seu nome oficialmente, ficou conhecida como HMV (sigla de *His Master's Voice*, ou A voz do dono em inglês).

O símbolo ficou mais conhecido ainda nos Estados Unidos, onde os direitos de imagem foram adquiridos pela Victor Talking Machine Company, que a estampou em todos os seus discos. Nipper tornou-se tão intimamente ligado à companhia que seus anúncios em revistas diziam aos consumidores para "procurar pelo cachorro". Hoje a reputação de Nipper ainda é grande. Nos Estados Unidos ele é fortemente associado à sucessora corporativa da Victor, RCA. Na Europa, a EMI, a companhia que por último adquiriu a Gramaphone, usa agora Nipper para promover sua linha de lojas do varejo, apropriadamente chamada de HMV.

STRONGHEART

O PRIMEIRO PASTOR ALEMÃO ASTRO DE CINEMA

Hoje em dia Rin Tin Tin é o único cão astro do cinema mudo de que a maioria das pessoas se lembra. Mas um pouco antes outro pastor alemão, Strongheart, teve o nome brilhando nos letreiros.

Seu dono, o treinador de animais Larry Trimble, estava decidido a criar uma estrela. Em 1920 ele começou a procurar cuidadosamente um animal que tivesse as qualidades de um ídolo do cinema. Encontrou exatamente o que procurava na Alemanha: um forte cão de ataque de três anos e 57 kg, chamado Etzel von Oringer. O cachorro preferia morder as pessoas a contracenar com elas, mas Trimble viu algo de que gostou em Etzel. Ele mudou o nome do cão para Strongheart, mais adequado aos letreiros, e o levou para Hollywood.

Foram meses de treinamento para aparar as arestas da personalidade de cão policial e desconfiado, mas com o tempo Trimble conseguiu transformar a perigosa máquina de lutar em um animal amável e ator amigável. Mas um traço dos seus dias de cão policial nunca deixou Strongheart – o cão conseguia avaliar com precisão o caráter de pessoas estranhas e tinha o hábito de olhar furiosamente e até mesmo perseguir aqueles em quem não confiava.

Seu primeiro filme, *The Silent Call*, de 1921, transformou-o em herói. Como um astro humano, ele visitava vários pontos do país, onde seus fãs faziam fila por uma chance de olhar e talvez acariciar sua enorme cabeça.

Durante a década de 20, Strongheart fez um filme após o outro, com títulos como *Brawn of the North* e *The Return of Boston Blackie*. Ele até desenvolveu interesse romântico por uma fêmea de sua raça chamada Lady Jule. Os dois apareceram juntos na tela e, fora dela, tiveram diversas ninhadas de filhotes.

A carreira cinematográfica de Strongheart teve um fim trágico no verão de 1929. Enquanto fazia um cena perigosa para seu próximo projeto, o cão, de passo normalmente seguro, escorregou e caiu sobre uma luz de estúdio quente. A queimadura não sarava e tirou sua vida algumas semanas mais tarde. Mas seu legado continuou das formas mais surpreendentes: seus numerosos descendentes estrelaram filmes, a marca de ração Strongheart foi batizada em sua homenagem e, talvez o mais o mais importante, ele é um dos três únicos cães (junto com Rin Tin Tin e Lassie) a merecer uma estrela na Calçada da Fama de Hollywood.

PAL

O CACHORRO REAL POR TRÁS DE LASSIE,
A MAIOR CELEBRIDADE CANINA DO MUNDO

Todos conhecem Lassie, mas poucos sabem quem foi o cachorro que primeiro a interpretou nas telas. Ainda assim Pal, que interpretou o collie mais inteligente do mundo em *Lassie Come Home*, de 1943, tem uma história interessante para partilhar conosco. Apesar de seus primeiros anos como um cão incorrigível que largou a escola de treinamento, esse cachorro, inegavelmente macho, tornou-se uma sensação interpretando uma fêmea.

Lassie "nasceu" em 1938, quando o autor Eric Knight escreveu um conto para o *Saturday Evening Post*, chamado *Lassie Come Home*, sobre uma collie que viaja por toda a Escócia para encontrar o garoto, seu dono, que ela ama. O conto popular tornou-se um livro ainda mais popular, e, em 1943, a MGM assinou um contrato para transformá-lo em filme. Um collie de elite foi contratado para viver o papel principal, mas o destino interveio quando o Rio Sacramento, no norte da Califórnia, transbordou, fornecendo a chance única de conseguir uma filmagem espetacular de Lassie atravessando a água. No entanto, o ator canino que o estúdio havia escalado ainda estava em treinamento e não estava pronto para começar a filmar. A MGM procurou uma companhia chamada Weatherwax Trained Dogs, dirigida pelos irmãos Rudd e Frank Weatherwax, para providenciar um substituto.

Dizer que os irmãos estavam em falta de collies na época é pouco. O cachorro que ofereceram ao estúdio foi um macho chamado Pal. Seu dono original não conseguira treiná-lo adequadamente e havia procurado os Weatherwax para ajudá-lo; quando o homem descobriu que não conseguiria pagar os dez dólares que devia aos irmãos pelo seu trabalho, entregou o cão como pagamento. Pal não correspondia em nada à ideia que se pudesse fazer de um cão de *show*. Não tinha a aparência "clássica" de um collie e gostava de perseguir carros, mas possuía uma vantagem crucial: sabia atuar.

Os irmãos Weatherwax e a equipe de filmagem descobriram quão bom ele era às margens do Rio Sacramento. Pal não apenas atravessou o rio na hora. Quando emergiu na margem, parecia exausto, como se mal conseguisse se arrastar para terra.

Em termos de atuação, ele impressionou. Desse momento em diante, Pal foi um astro. Como o chefe do estúdio MGM, Louis B. Mayer, teria dito ao assistir à gravação, "Pal entrou na água, mas foi Lassie que saiu dela".

OSCAR

O CACHORRO QUE SE TORNOU UMA CELEBRIDADE DA INTERNET

Na era digital, a fama mundial vem rápido e fácil. Até os cachorros podem consegui-la.

Uma sensação canina da internet foi fabricada em 2006. O cachorro em questão deve sua celebridade a um trabalho bizarro no Adcenter, o programa de anúncios dos alunos da Virginia Commonwealth University. Mike Lear, um dos professores adjuntos do programa, pediu à classe para ajudá-lo a tornar seu pug Oscar famoso.

A ideia era usar o *marketing* viral para transformar o cãozinho em assunto de destaque. Alguns alunos distribuíram folhetos, enquanto outros criaram *raps* relacionados ao pug. Mas uma pessoa (nunca se descobriu quem) foi além. Ela postou um anúncio anônimo no *site* de relacionamentos sociais Myspace.com dizendo que Oscar seria assassinado ao vivo na internet.

Funcionou. A história se espalhou pelo mundo. Amantes de animais bombardearam a universidade com mensagens furiosas, e no final a polícia investigou o assunto. Oscar, exatamente como o projeto pretendia, era um astro. No entanto, as instruções originais do projeto diziam que nenhuma ameaça poderia ser feita contra o pug. "Quem quer que tenha feito isso tirou 0", disse o diretor de gerenciamento do Adcenter, Rick Boyko, ao *Richmond Times-Dispatch*.

GRIGIO
O CÃO QUE SE TORNOU O ANJO DA GUARDA DE UM SANTO

Histórias de santos católicos quase sempre incluem relatos de intervenção divina, mas São João Melchior Bosco (mais conhecido como Dom Bosco) tinha proteção um pouco mais terrena: um gigantesco cão, que se tornou seu guarda-costas, chamado Grigio.

Bosco, que viveu entre 1815 e 1888, passou a vida ajudando crianças carentes ao redor da cidade industrial de Turim, na Itália. Durante os primeiros dias de seu ministério ele correu perigo tanto por causa de bandidos, que pensavam que ele tinha dinheiro, como por parte dos comerciantes e funcionários públicos da cidade, que se ressentiam de suas tentativas de organizar e educar sua futura mão de obra barata. Ao longo dos anos, Dom Bosco sobreviveu a diversos atentados contra sua vida. Eles poderiam ter sido bem-sucedidos não fosse pelas repetidas – e quase inexplicáveis – intervenções do enorme Grigio. Quando Bosco estava em perigo, o grande cachorro aparecia do nada para perseguir seus atacantes. Assim que a ordem era restabelecida, ele simplesmente se virava e ia embora.

Com o passar dos anos, a reputação de Bosco cresceu e nem ladrões nem funcionários locais ousavam tocá-lo. O poderoso Grigio, que era sempre atraído pelos problemas, simplesmente desapareceu, sem nunca mais ser visto.

BOBBIE

O CÃO QUE VIAJOU 4 MIL QUILÔMETROS PARA REENCONTRAR SUA FAMÍLIA

O famoso filme *Lassie Come Home* conta a história de uma intrépida collie que anda por toda a Escócia a fim de reencontrar o garoto, seu dono, que ela ama. Mas mesmo essa jornada lendária parece uma simples volta no quarteirão se comparada com as conquistas de um collie norte-americano chamado Bobbie. Para ver sua família, Bobbie fez uma jornada de seis meses por 4 mil quilômetros através dos Estados Unidos.

Bobbie começou a vida como companheiro de G. F. Brazier, dono de um restaurante em Silverton, Oregon. Durante o verão de 1923, Brazier, sua esposa e Bobbie viajaram para Indiana de carro. Lá, durante uma parada na pequena cidade de Wolcott, o casal perdeu seu cachorro. Imaginando que estivesse perdido para sempre, eles continuaram sua viagem.

Conforme as semanas passavam, a lembrança de Bobbie diminuiu. Entretanto, seis meses depois, em 5 de fevereiro de 1924, algo realmente milagroso aconteceu. Nova, a enteada de Brazier, andava por uma rua de Silverton quando avistou um collie magro e judiado que se parecia muito com Bobbie, há tanto tempo perdido. Ela comentou a semelhança com um colega, e o cão, ouvindo o nome "Bobbie", correu para a encantada garota, dançou ao redor dela e a encheu de lambidas. Bobbie logo reencontrou a família inteira, que o identificou sem a menor dúvida por diversas cicatrizes antigas e outras marcas que o cachorro tinha adquirido enquanto vivera com eles.

Ninguém podia imaginar como o cachorro tinha conseguido viajar de tão longe – ou mesmo como ele soubera para onde ir. Mas, quando a história de Bobbie, o Cão Maravilha (como ele ficou conhecido), espalhou-se pela Nação, algumas pessoas que o haviam ajudado no caminho escreveram aos Braziers para contar o que acontecera. Aparentemente o cão havia percorrido de volta quase exatamente a rota que a família havia feito para Indiana. "Ele aparecia em uma casa onde havíamos parado ou em uma cidade por onde tínhamos passado, os olhos meio fechados e vermelhos de cansaço, as patas sangrando, tremendamente faminto, tão exausto que estava prestes a desmaiar", Brazier escreveu em um relato da época. "Algumas pessoas que gostavam de cães o alimentavam e cuidavam dele, e ele descansava por algum tempo, mas logo que conseguia se levantava e ia embora."

Quando chegava a um lugar que reconhecia da viagem de carro, a primeira coisa que Bobbie fazia era correr de sala em sala freneticamente, procurando por sua família perdida. Ele não notava as pessoas que moravam ou trabalhavam no local até estar certo de que seus companheiros humanos não estavam ali. Sua obstinação, para não falar de seu fenomenal senso de localização, transformaram-no em um queridinho da mídia. Livros foram escritos sobre ele, que fez diversas aparições públicas e suas conquistas foram recontadas em um filme. Um construtor do Oregon fez para Bobbie uma casa de cachorro dos "sonhos" – um bangalô em miniatura, com oito janelas enfeitadas com cortinas. Ele foi o convidado de honra em uma exposição em Portland, onde foi saudado por mais de 100 mil fãs.

Hoje a fama de Bobbie, o Cão Maravilha, continua em sua cidade natal, onde a data de seu retorno, 15 de fevereiro, é celebrada como o Dia de Bobbie. Existe uma estátua dele, um mural recontando sua jornada e até mesmo uma réplica da casa de luxo que ele ganhou por achar o caminho para casa.

TOGO E BALTO

Os cachorros que ajudaram a salvar uma cidade da peste

A Iditarod Trail é uma corrida de trenós de cachorros que acontece toda primavera no Alasca, considerada um dos eventos esportivos mais difíceis do mundo. Equipes caninas atravessam a imensidão gelada do Estado, cobrindo cerca de 1.770 km em oito a quinze dias. A competição foi criada para comemorar um evento mais duro ainda – a corrida do soro paraa cidade de Nome, de 1925. Essa conquista legendária não foi uma simples corrida em busca de um troféu; foi uma corrida pela própria vida. E, sem o trabalho desinteressado de dezenas de importantes cachorros, e de dois *realmente* importantes, tudo poderia ter sido perdido.

A saga começou no inverno de 1925, quando uma epidemia de difteria ameaçou a cidade de Nome, situada bem ao norte. O suprimento mais próximo de antitoxina estava a mais de 1.600 km, em Anchorage. Sem nenhuma conexão rodoviária, ferroviária ou aérea confiável e no meio do terrível inverno ártico, o pequeno ponto no mapa estava tão isolado como se estivesse na Lua.

Apenas uma forma de transporte parecia capaz de encarar o desafio – o trenó puxado por cachorros. O contêiner de 9 kg contendo soro foi levado para o norte, de trem, para a cidade de Nenana, que era literalmente o fim da linha. Então, na noite de 27 de janeiro, foi entregue ao primeiro dos inúmeros "mensageiros" encarregados de levá-lo em segurança pelos 1.085 km de tundra coberta de neve até a cidade de Nome.

Mais de cem cachorros participaram da corrida do soro, mas dois se destacaram. O primeiro e mais importante foi Togo, um husky siberiano compacto que liderava o time do mensageiro Leonhard Seppala. Togo estava à altura da tarefa, para dizer o mínimo. O cachorro de 22 kg e seu time viajaram 274 km em apenas três dias para chegar ao ponto na rota em que apanhariam o soro. Os cachorros cobriram o pedaço mais difícil do percurso, viajando em condições de visibilidade quase zero e ventos poderosos que faziam a temperatura cair até -57 °C. Seppala ficou desesperadamente desorientado e confiou em Togo para manter o trenó no caminho quase invisível. Enquanto Togo liderava o grupo pelo traiçoeiro e congelado braço de mar chamado Norton Sound, eles ficaram presos em uma área que se separou do resto da grossa camada de gelo. Ainda usando seus arreios de couro e correias, Togo saltou um metro e meio até o gelo sólido para puxar o trenó para um local seguro. Os arreios de Togo se romperam durante a tentativa, mas ele usou os dentes para recuperá-los da água gelada. Segurando as correias de couro em suas mandíbulas, ele puxou a massa de gelo flutuante até a camada de gelo para que Seppala, o trenó e os outros cães pudessem prosseguir. Togo usou toda a força que tinha na operação e ficou aleijado para a vida toda nesse processo.

A cerca de 80 km de Nome, o soro foi entregue a um time descansado, liderado por um cachorro chamado Balto. Ele foi o cão que trouxe o remédio para a cidade necessitada e se tornou uma celebridade. Uma famosa estátua de Balto foi erguida no Central Park, em Nova York, em 1925.

Os que conhecem a história, no entanto, consideram Seppala e Togo os verdadeiros heróis. Apesar de ter sido ofuscado por Balto, Togo criou um legado muito mais duradouro que uma simples estátua. Depois de se aposentar dos trenós, ele se tornou um dos fundadores da linhagem dos huskys siberianos modernos. Apesar de ter morrido em 1929, sua força e inteligência continuam vivas em uma legião de descendentes.

JOSEPHINE

A CADELA QUE LANÇOU A CARREIRA
LITERÁRIA DE JACQUELINE SUSANN

Jacqueline Susann é lembrada por dois fatos – por ser a primeira "escritora-celebridade" a promover incessantemente seus livros em programas de TV e por ter escrito *O vale das bonecas*, um livro pesado que conta tudo sobre o *show business* e vendeu a quantia sem precedentes de 20 milhões de cópias, tornando-se uma das obras mais populares de todos os tempos.

Mas o trabalho da maior escritora popular do mundo poderia nunca ter sido publicado se não fosse por sua poodle, Josephine. Susann adquiriu a cadela em 1955, quando morava em Nova York e vivia nos níveis mais baixos da cadeia alimentar do *show business*. Queria ser escritora, e tinha uma ideia para um livro sobre estrelinhas de cinema que têm vida destruída por drogas ilícitas e sexo, mas ninguém lhe dava chance. Então ela criou as memórias – um texto engraçado e parcialmente verdadeiro – de seu relacionamento com sua cadela poodle, que ela geralmente vestia com roupas que combinavam com as suas próprias. Publicado em 1963, *Every Night, Josephine!* fez um sucesso modesto. Deu a Susann fôlego para publicar *Bonecas* – e o resto, como dizem, é história editorial.

HANDSOME DAN

O primeiro mascote acadêmico do mundo

Em 1889, quando a Universidade de Yale apresentou o buldogue chamado Handsome Dan, a ideia de um animal vivo representando uma escola era bastante nova. Enorme e musculoso, Dan parecia perfeito para o cargo. Comprado por cinco dólares de um ferreiro local, ele era a própria incorporação do espírito de nunca desistir, cobiçado pelos times esportivos. De acordo com um observador contemporâneo, parecia "o cruzamento entre um crocodilo e um sapo com chifres".

O primeiro Dan, que encantou os fãs com seu ódio quase patológico por qualquer um que usasse o vermelho de Harvard, ficou no cargo até a morte, em 1898. Ainda assim, seu legado continua. Mais de uma dúzia de "Handsome Dans" ocuparam

ram seu cargo desde então, com graus variados de sucesso. Muitos foram "aposentados" quando se descobriu que tinham medo de multidões, e um deles desenvolveu o infeliz, mas engraçado, hábito de atacar os mascotes dos outros times. Fãs do Handsome Dan original ainda podem ver seu corpo preservado, em sua resplandecente glória, numa redoma de vidro no ginásio Payne Whitney, em Yale.

GUNTHER IV
O CACHORRO QUE SE TORNOU MAGNATA DOS IMÓVEIS

Há muitos anos o tabloide britânico *The Sun* publicou uma lista dos dez bichos de estimação mais ricos do mundo – uma lista decididamente rara, que consistia em vários não humanos que herdaram milhões de seus falecidos donos. No topo da lista estava um pastor alemão chamado Gunther IV. O cachorro aparentemente valia cerca de 100 milhões de dólares – uma herança de seu pai, Gunther III, que recebeu o dinheiro em 1992 no testamento de sua querida dona, uma condessa alemã chamada Karlotta Liebenstein.

Vários jornais questionaram essa história, imaginando se tratava de algum golpe bizarro. Mas Gunther IV, que aparecia regularmente em público, realmente parecia ter muito dinheiro. Em 11 de novembro de 2002, Gunther e dois membros de sua "comitiva" apareceram em um leilão na Itália, onde – através de intermediários, é claro – pagou três milhões de liras por uma trufa rara.

Gunther IV fez mais barulho ainda no mercado de imóveis de Miami Beach. Em 1999 a grande imprensa estava cheia de relatos de que ele – ou seus associados humanos consumistas – estava tentando comprar a propriedade de Sylvester Stallone, de frente para o mar, por 25 milhões de dólares. Não o conseguindo, o cachorro e seus asseclas de duas patas pagaram 7,5 milhões pela casa de Madonna em Miami. De acordo com o *site* de Gunther, o cachorro de sorte se mudou para a suíte master da *Material girl*, enquanto o resto da casa foi ocupado por seus companheiros – um misterioso grupo de cinco pessoas com cerca de vinte e poucos anos, chamados "the Burgundians".

Há algo de estranho em tudo isso. Descritos como "cinco pessoas jovens e eufóricas", os Burgundians pareciam o grupo Eurotrash extremamente bronzeados –, mas havia algo mais. Eram aparentemente um *grupo pop* Eurotrash extremamente bronzeado. Gunther servia de fachada para investidores internacionais que pretendiam transformar as três garotas e os dois garotos em sensação musical. Como esse plano seria ajudado pela associação com um rico pastor alemão ninguém sabe, mas o dinheiro deles era real, mesmo que a história da herança de Gunther fosse inventada. Segundo o último relato, Gunther ainda estava aproveitando sua estada na suíte master de Madonna. Não se sabe o que aconteceu com os Burgundians.

BLUE
A CACHORRA MAIS ASSUSTADORA DO HOCKEY

O comentarista esportivo e antigo técnico da NHL, Don Cherry, é um ícone do Canadá. Há muito tempo convidado assíduo do programa de esportes da TV *Hockey Night in Canada*, ele alcançou a fama nos anos 1970 como técnico dos Boston Bruins. Durante seu contrato de três anos com o time, Cherry adquiriu a reputação de egocêntrico e extravagante. Era um grande fã do jogo "físico" (querendo dizer combativo). Dizem até (e Cherry nunca negou) que ele modelava o estilo de jogo do time pela atitude de "não fazer prisioneiros" de sua bull terrier, Blue.

Hoje Cherry é um fenômeno da mídia, assim como sua última Blue – o ex-técnico teve diversas bull terriers, todas com o mesmo nome. Os dois estão sempre juntos, e Blue aparece na abertura das participações de Cherry no *Hockey Nigth*. Em um famoso incidente, descrito nas páginas da revista de notícias canadense *Maclean's*, a combativa cadela arrancou um pedaço de Rose, esposa de Cherry. Quando um de seus amigos sugeriu que ele se "livrasse dela" o técnico respondeu: "Eu e Blue com certeza vamos sentir falta dela".

JIM

O CACHORRO QUE TEVE UM PARQUE BATIZADO
EM SUA HOMENAGEM

Dedicar um parque inteiro a um cachorro é um evento que acontece uma vez em um milhão, então o cão que mereceu isso deve ser um em um milhão. Esse certamente era o caso de um setter inglês chamado Jim. Em 1999, sessenta e dois anos depois de sua morte, a cidade natal de Jim, Marshall, no Missouri, homenageou-o abrindo o Parque Memorial de Jim, o Cão Maravilha.

O nome completo de Jim explica bem o porquê de ele merecer sua própria parcela de verde no coração da cidade. Nascido em 10 de março de 1925 num canil da Lousiana, ele foi comprado por Sam van Arsdale, morador do Missouri, que o treinou para caçar codornas. Jim aprendia rápido, mas parecia comum em todos os outros aspectos. Isso até um dia de outono, muitos anos depois, quando dono e cão caçavam juntos. De acordo com a lenda, van Arsdale disse, sem pensar, para Jim: "Vamos sentar à sombra daquela castanheira e descansar". O cachorro prontamente andou até a castanheira e se sentou.

Intrigado, Van Arsdale teria pedido a Jim para achar um carvalho. O que ele fez. Ele também, em rápida sucessão, achou uma nogueira, um cedro e diversos outros exemplos da flora local, guiado apenas por dicas verbais.

Não muito tempo depois, Jim mudou de vocação, de cão caçador para cachorro publicitário. Logo os fãs começaram a viajar centenas de quilômetros para a cidade de Marshall a fim de ver o cão maravilha em ação. Raramente ficavam desapontados. Repetidamente, ele demonstrava a habilidade para entender comandos em qualquer língua, do alemão ao grego – línguas sobre as quais seu dono, Van Arsdale, não tinha qualquer conhecimento. Ele conseguia localizar carros específicos de acordo com o número de sua placa, escolher indivíduos na multidão baseado apenas em descrições físicas e "ler" mensagens escritas. Jim se apresentou diante de uma sessão conjunta da legislatura estadual do Missouri e na Universidade, diante de um grupo de professores. Eles disseram à multidão reunida, de acordo com a revista *Rural Missouri*, que "Jim possuía um poder oculto que pode não aparecer novamente em um cão por muitas gerações".

Não é de estranhar que as pessoas dissessem seriamente que ele era a reencarnação do rei Salomão.

Mas os talentos do cachorro de aparência comum não terminavam aí. Diz-se que Jim podia dizer correta e repetidamente o sexo de bebês ainda não nascidos e que era um mago para resultados de eventos esportivos. Entre seus muitos outros grandes feitos, ele supostamente acertou o vencedor do Kentucky Derby por sete anos seguidos e apontou os Yankees como vencedores da World Series de 1936 (e venceram). Durante uma viagem à Flórida, apostadores o ameaçaram de morte se ele não parasse de anunciar os vencedores de uma pista de corrida de cachorros local. Depois disso, Van Arsdale ficou com tanto medo de jogadores roubarem seu cão que o mantinha sempre perto de casa. Ele recusou uma oferta para fazer filmes na Paramount e para ser garoto-propaganda de uma fábrica de ração.

Na época de sua morte, em 18 de março de 1937, Jim, o Cão Maravilha, era um dos cachorros mais famosos do mundo. Van Arsdale queria que fosse enterrado no jazigo da família, no Cemitério Ridge Park. Como os regulamentos locais não permitiram, os restos mortais do cachorro mais esperto do mundo foram enterrados em um caixão feito por encomenda bem ao lado do portão do cemitério. Com o passar dos anos o cemitério se expandiu ao redor do local, de modo que hoje Jim está dentro do solo sagrado. Os fãs ainda visitam sua sepultura – e mais fãs ainda param no centro da cidade no Parque Memorial de Jim, o Cão Maravilha, no centro do qual há uma estátua sua em tamanho real.

OUTROS CÃES DE DESTAQUE

SPUDS MACKENZIE: o garoto-propaganda de quatro patas da Bud Light. Esse bull terrier notável (que era na verdade uma fêmea chamada Honey Tree Evil Eye) estreou em 1987 em um comercial para o Super Bowl. Ironicamente, "Spuds" morreu de falência renal em 1993.

LITTLE DUKE: um airedale que era o mascote de Marion Robert Morrison, o homem que se tornaria John Wayne, também conhecido como "The Duke". Wayne ganhou esse apelido quando era garoto e os vizinhos começaram a se referir a ele como "Big Duke" para diferenciá-lo de seu companheiro canino.

BUMMER E LAZARUS: dois cachorros de rua dos quais todos falavam em São Francisco no começo dos anos 1860. Eram tão populares que suas aventuras eram publicadas regularmente nos jornais locais.

LUCKY: o mascote oficial do National Enquire durante seu auge, nos anos 1970.

TEDDY: dogue alemão que apareceu em muitas comédias de Max Sennet e foi o primeiro astro de cinema canino nos Estados Unidos.

HERÓIS

SARGENTO STUBBY

O CACHORRO DE MAIS ALTA PATENTE DA PRIMEIRA GUERRA MUNDIAL

Muitos cães de combate foram recrutados para o serviço militar. Alguns foram tirados de suas casas e colocados no *front*, enquanto outros foram criados desde filhotes para servir na batalha. Mas o pit bull americano branco e marrom conhecido como Stubby foi um voluntário. Esse cachorro, que ganhou o nome por causa de seu rabo curto, foi achado ainda filhote, todo enlameado, pelo soldado John Robert Conroy quando este treinava para ir para a Europa durante a Primeira Guerra Mundial. Stubby logo se tornou o favorito do campo de treinamento. Até mesmo aprendeu a "bater continência", levantando a pata direita até a sobrancelha.

Stubby acompanhou a unidade de Conroy, a 102ª Divisão de Infantaria norte-americana, quando ela partiu para a França. Mas seus camaradas de armas logo descobriram que Stubby era bem mais do que um mascote. Certa noite, quando seu focinho sensível detectou um ataque surpresa com gás, ele salvou inúmeras vidas correndo pelas trincheiras, latindo e cutucando os soldados adormecidos. Ele também patrulhava o campo de batalha, farejando à procura de soldados feridos, chamando ajuda ou guiando-os pessoalmente até a segurança. Em uma ocasião ele surpreendeu e capturou um alemão que tentava espionar as posições avançadas dos aliados. Stubby expulsou-o de trás de um arbusto, perseguiu-o e prendeu firmemente o traseiro do soldado com suas mandíbulas – mordida que ele manteve resolutamente até os homens de sua unidade chegarem e tomarem conta do prisioneiro. Por suas ações nesse dia, o comandante da 102ª Divisão conferiu ao cachorro a patente de sargento.

Stubby participou de mais de uma dúzia de batalhas, sobrevivendo a tudo, desde repetidos ataques de gás venenoso até o desconfortável encontro com uma granada de mão. Ele voltou com Conroy para os Estados Unidos, onde teve uma recepção de herói. Conheceu o presidente Woodrow Wilson, foi nomeado para a Legião Americana e recebeu uma medalha da Sociedade Humanitária de seu "comandante supremo", o general Joseph "Black Jack" Pershing, líder da força expedicionária americana durante a guerra. Mas o melhor de tudo foi se aposentar das forças armadas com Conroy, com quem viveu feliz – e pacificamente – até sua morte, em 1926.

BELLE
A cadela que discou para a emergência

Ao longo dos séculos, inúmeros cachorros buscaram ajuda para seus donos necessitados. Mas poucos desses heróis caninos mostraram tanta presença de espírito – sem contar a habilidade técnica – como uma beagle chamada Belle. Em vez de correr para chamar ajuda, ela *discou*.

Naquela que foi provavelmente a atitude mais sortuda de sua vida, Kevin Weaver, que morava na Flórida, comprou a pequena cadela em uma *pet shop*. A boa sorte também sorriu para Belle naquele dia, porque a irrequieta cadela já havia sido devolvida à loja duas vezes por pessoas que não haviam ficado satisfeitas com seu comportamento.

Weaver é diabético e sofre ataques potencialmente perigosos sempre que o nível de açúcar em seu sangue cai muito. Como vive sozinho, ele decidiu treinar Belle como seu cachorro assistente-médico. Um curso de nove meses, que custou 9 mil dólares, ensinou a pequena beagle a medir o nível de açúcar no sangue de seu dono lambendo seu nariz e sentindo seu hálito a cada hora. Se as coisas parecerem um pouco "estranhas", ela geme e cutuca Weaver, dizendo-lhe que precisa fazer alguma coisa.

Esse treinamento longo e caro pagou-se na manhã de 7 de fevereiro de 2006. Naquele fatídico dia, Weaver acordou sentindo-se tonto. Seu nível de açúcar era perigosamente baixo, mas ele estava muito confuso para perceber o que havia de errado. Belle *percebeu* e ficou muito agitada. Pensando que tudo o que ela queria era ir ao banheiro, Weaver levou-a para fora. Quando os dois voltaram para dentro, Weaver desmaiou no chão da cozinha.

Ele poderia ter morrido ali se Belle não tivesse se lembrado de outra parte importante de seu treinamento: no caso de seu dono estar incapacitado, ela tinha aprendido a discar 911 apertando o número 9, que estava programado para ligar para o serviço de emergência. Belle achou o celular de Weaver e pressionou a tecla apropriada até que o plantonista da emergência atendeu. A cadela latiu histericamente no fone e não parou até que uma ambulância chegasse. Weaver foi tratado a tempo e recuperou-se completamente. E Belle, não é preciso dizer, tornou-se uma heroína. "Estou convencido de que, se Belle não estivesse comigo naquela manhã, eu não estaria vivo hoje", Weaver disse à imprensa. "Belle é mais do que uma salva-vidas, é minha melhor amiga."

DORADO
O CÃO QUE SALVOU SEU DONO EM 11 DE SETEMBRO

A tragédia de 11 de setembro produziu inúmeros exemplos de coragem diante do perigo, mas poucas histórias de autossacrifício e bravura verdadeira rivalizam com a de Dorado, um labrador de 4 anos de idade. Dorado era o cão-guia de Omar Eduardo Rivera, técnico em computação cego. Na fatídica manhã dos ataques terroristas, ele e seu companheiro canino estavam trabalhando no septuagésimo primeiro andar da torre norte do World Trade Center. Dorado dormia embaixo da mesa de Rivera.

Um avião sequestrado se chocou contra o arranha-céu vinte e cinco andares acima do escritório de Rivera. Apesar de ele não ter se ferido, logo ficou cercado pelos sons do pânico e pelo cheiro de fumaça. Temendo que, em razão de sua debilidade, não teria chance de escapar do fogo e do caos, Rivera soltou Dorado (que significa "ouro" em espanhol), fez um último carinho em sua cabeça e lhe disse adeus, esperando que o cachorro achasse uma forma de se salvar. "Não enxergando, eu sabia que não seria capaz de descer as escadas e atravessar os obstáculos como as outras pessoas", Rivera disse ao *Contra Costa Times*. "Eu estava resignado a morrer e decidi soltar Dorado e dar-lhe uma chance de escapar. Não era justo que nós dois morrêssemos naquele inferno."

Rivera imaginou que Dorado correria para a rota de fuga mais próxima. Mas, apesar de seu dono parecer resignado a morrer, Dorado tinha outras intenções. Alguns minutos depois de ser libertado, ele voltou para perto de Rivera e começou a empurrá-lo até uma escada de emergência que já estava cheia de funcionários de escritórios em fuga. Lá, com a ajuda do chefe de Rivera, que por acaso fugia correndo por ali no momento, o cachorro guiou Rivera com firmeza em uma descida de uma hora por setenta andares até a rua. Os três, então, andaram diversos quarteirões, chegando a um local seguro poucos momentos antes de a torre desabar atrás deles. "Foi então que tive certeza de que ele me amava tanto quanto eu o amava", Rivera disse. "Ele estava preparado para morrer na esperança de que pudesse salvar minha vida. Devo minha vida a Dorado – meu companheiro e melhor amigo."

BUOY
O CACHORRO QUE ERA LITERALMENTE UM ANJO DA GUARDA

Dragica Vlaco deve sua vida a um ato de Deus – ou, mais precisamente, ao ato de um cão.

Tudo aconteceu em uma noite de outubro em 2002, enquanto Jim Simpson dava uma festa de Halloween em sua casa em Richland, Washington. Todos estavam fantasiados, incluindo seu labrador amarelo, Buoy, que usava uma auréola e asas de anjo. Perto das 8 da noite, Simpson levou Buoy, ainda fantasiado, para seu típico e tranquilo passeio ao longo do rio Columbia. Mas, em vez de andar calmamente, o labrador saiu correndo pela escuridão, ignorando as ordens de seu dono para voltar.

Simpson achou Buoy na margem do rio, ao lado de uma mulher encharcada e sem sapatos, que estava de quatro e tremia violentamente. Simpson chamou ajuda e a carregou até sua casa. A mulher, Dragica Vlaco, havia tomado um forte analgésico em razão de uma operação recente no ombro, ficara desorientada e vagara pelas ruas, caindo no rio gelado. Se não fosse por Buoy, provavelmente teria morrido de hipotermia. "Ele é um cachorro muito amigável e é muito interessado nas pessoas", disse Simpson ao *Tri-State Herald*. "Foi muito bom ele ter ido até lá."

TIP
O CACHORRO QUE NÃO GOSTAVA DE TEMPO BOM

As pessoas da cidade de Bamford, na Inglaterra, ainda se lembram da história de Tip, o companheiro devotado de Joseph Tagg, de oitenta e cinco anos. Tagg, um pastor de ovelhas aposentado e treinador de cães pastores, criava border collies altamente habilidosos, mas ninguém entenderia quão especiais eles eram até a chegada de Tip.

Em 12 de dezembro de 1953, o ainda ativo Tagg partiu em uma longa caminhada pelos pastos da redondeza, mas nem ele nem seu companheiro de caminhadas, Tip, voltaram. Durante semanas equipes de resgate procuraram minuciosamente pela região, até que a neve pesada e o frio intenso impusessem o fim das buscas. Quinze semanas se passaram antes que o corpo de Tagg, que aparentemente havia morrido de causas naturais no meio de seu passeio, fosse encontrado casualmente por um casal da região. Eles mal puderam acreditar em seus olhos quando também descobriram o pobre Tip, esquelético e quase morto, ainda montando guarda sobre o corpo.

Tip foi tratado até ficar bom, mas sobreviveu apenas um ano a mais que seu dono – tempo suficiente, no entanto, para sua história se espalhar pelo mundo todo. Hoje ele está enterrado no pasto que lhe tirou a vida, embaixo de um monumento de pedra que conta sua história.

BAMSE

O CACHORRO DO MAR QUE SE TORNOU
HERÓI NACIONAL DA NORUEGA

Durante a Segunda Guerra Mundial, um são bernardo chamado Bamse tornou-se o maior cachorro a servir em um navio aliado – e provavelmente o maior a servir em qualquer navio, de qualquer tipo, em qualquer época.

O enorme cachorro era o mascote de um pequeno caça-minas com uma tripulação de apenas dezoito homens. O navio, chamado *Thorudd* (caçador de baleias), era tripulado por marinheiros noruegueses que serviam nas forças livres do País e estava estacionado nas cidades portuárias de Montrose e Dundee, na Escócia. Durante seu serviço no mar, Bamse (que significa "urso fofinho") salvou um membro da tripulação da facada de um assaltante, atirando este de uma doca. Quando outro marinheiro caiu da embarcação no mar, o enorme são bernardo pulou atrás dele, agarrou-o pela roupa e o puxou para a praia.

Bamse era igualmente corajoso em batalha. Ele ficava na torreta do canhão da proa da embarcação, usando um capacete de estanho, quando o pequeno barco estava em postos de batalha. Em terra, usava chapéu de marinheiro e tinha um passe de ônibus, para que nos finais de semana pudesse ir para as cidades próximas encontrar tripulantes embriagados e escoltá-los gentilmente de volta.

Não é de surpreender que o grande cão tenha se tornado um marco local em Montrose e em Dundee e um herói nacional na Noruega. Ele apareceu destacadamente no Dia da Constituição do pequeno país, 17 de maio, e foi representado em

um cartão de Natal enviado a todos os membros das Forças Armadas norueguesas.

Infelizmente, o doce gigante não sobreviveu à guerra. Em 22 de julho de 1944, morreu de causas desconhecidas na doca, ao lado de seus companheiros de tripulação. A morte de Bamse desencadeou uma onda de tristeza. As lojas fecharam para o funeral, e cerca de oitocentas crianças se alinharam no caminho do enterro. Bamse foi enterrado perto do mar, de frente para a Noruega.

Sessenta e dois anos depois, em 22 de julho de 2006, aniversário de sua morte, Bamse recebeu uma prestigiosa medalha da Britain's People's Dispensary for Sick Animals (PDSA) pelos serviços prestados na guerra. Nesse mesmo ano, uma estátua de bronze do grande são bernardo foi inaugurada em Montrose para servir de eterno tributo ao cachorro mais amado da Noruega.

JUDY
A CADELA QUE SE TORNOU PRISIONEIRA DE GUERRA

De todos os cachorros destacados, uma pointer inglesa chamada Judy tem provavelmente a honra mais duvidosa. A pobre cadela, nascida em 1936 em Shangai, passou a Segunda Guerra Mundial num miserável campo de prisioneiros japonês. Enquanto estava lá, ela se tornou o único cão no conflito todo a ser oficialmente registrado como prisioneiro de guerra.

No início da guerra ela desfrutou do *status* bem mais tranquilo de mascote do navio britânico, HMS *Grasshopper*. Mas o navio de guerra foi afundado por torpedos japoneses em 1942, e os sobreviventes foram parar em uma ilha na costa de Sumatra. A cadela farejou fontes de água potável para seus sedentos camaradas, a primeira amostra das habilidades que fariam dela uma heroína. Infelizmente, não pôde evitar a captura da tripulação por tropas japonesas e seu subsequente envio para um campo de prisioneiros.

Judy foi com eles para o campo, contrabandeada dentro da sacola de um marinheiro. A vida dos prisioneiros era brutal, mas a nobre cadela fez o que pôde, geralmente com grande risco para a própria vida, para ajudar os homens a seu redor. O prisioneiro Frank Williams dividia suas parcas rações com Judy, e em troca ela se tornou sua amiga de confiança, fazendo tudo o que podia para distrair os sádicos guardas japoneses quando pareciam dispostos a atacar os prisioneiros. Williams acabou convencendo o comandante do campo a registrá-la como prisioneira oficial – número de série POW81A.

Os guardas do campo tentavam repetidamente atirar em Judy, mas não eram o único perigo que ela enfrentava. Além de sofrer alguns ferimentos de bala, ela sobreviveu a lutas com jacarés, cães selvagens e até mesmo com um tigre de sumatra até ser finalmente libertada, junto com seus companheiros, no final da guerra. Williams levou Judy de volta para a Inglaterra, onde ela recebeu a medalha Dickin, da People's Dispensary for Sick Animals (PDSA), a maior honraria da Inglaterra por heroísmo animal. Judy recebeu ainda outra recompensa – a chance de passar o resto de sua vida com seu amado Frank Williams. A nobre cadela faleceu em 1950, na Tanzânia, onde Williams havia conseguido um emprego. Um memorial de pedra marca a sepultura, e a medalha Dickin e a coleira feita sob encomenda onde ela ficava pendurada estão hoje no Museu Imperial de Guerra de Londres.

TANG
O CÃO QUE SALVOU UM NAVIO INTEIRO

Há séculos, cães terra-nova gigantes, pretos como carvão, têm servido de salva-vidas em praias e a bordo de navios. Sua pelagem impermeável e os dedos unidos fazem deles excelentes nadadores, e seu tamanho (mais de 45 kg), força e resistência permitem que atravessem grandes ondas, resgatem pessoas em perigo e as arrastem de volta para a segurança da terra firme.

Esses heroicos guardiães salvaram milhares de vidas. Mas mesmo em tão celebrada companhia, os feitos de um vigoroso cão se destacam. Tang, o cão do navio costeiro a vapor SS *Ethie*, não salvou apenas uma alma de um túmulo no mar – ele salvou todas as pessoas de sua embarcação.

Pouco antes do Natal de 1919, o *Ethie* partiu de Port Sauders, em Terra Nova, para St. John's Harbor. Uma tempestade violenta jogou o navio contra as rochas, aparentemente condenando à morte seus noventa e dois passageiros e a tripulação. Sua única chance era estender um cabo até os socorristas na costa e usá-lo para levar todos para lá antes que a tempestade destruísse o infeliz navio.

Mas alguém teria de levar o cabo pelos 800 m de água gelada e tempestuosa até alcançar a praia. O feito estava claramente além das capacidades físicas dos membros mais fortes da tripulação. Todos menos um.

De acordo com relatos da época, o cachorro do navio, Tang, estava à altura da tarefa. Pegando com a boca a ponta da corda salva-vidas, ele pulou no mar negro e barulhento e nadou até a costa, onde entregou o cabo às pessoas que aguardavam para efetuar o resgate. Assim que a corda foi bem presa, a equipe de resgate montou um sistema de polias e mandou uma cadeira até o *Ethie*. Um por um, os passageiros, a tripulação e finalmente o capitão foram levados até a costa.

A realização do cachorro fez dele um herói nacional do Canadá. Ele até recebeu uma medalha da famosa companhia de seguros Lloyds, de Londres. Graças a Tang, um desastre que poderia facilmente ter custado dúzias de vidas tornou-se uma nota de rodapé na história marítima. Hoje os restos enferrujados da malfadada embarcação ainda podem ser vistos na costa da Terra Nova – um testemunho silencioso do poder do mar e da vontade indômita de um cão heroico.

CHIPS
O CÃO MAIS CONDECORADO DA SEGUNDA GUERRA MUNDIAL

Os cães serviram em todos os *fronts* durante a Segunda Guerra Mundial, mas poucos com tanta eficiência quanto um mestiço de pastor alemão, husky e collie, de aparência comum, chamado Chips. Doado para as forças militares por seu dono, Edward J. Wren, de Pleasantville, Nova York, Chips foi treinado como sentinela e designado para a 3ª Divisão de Infantaria. Durante a guerra ele serviu em oito diferentes campanhas, que o levaram ao norte da África, à Sicília, à Itália, à França e à Alemanha.

Em 10 de julho de 1943, Chips deixou sua marca na história. Durante a invasão da Sicília, sua unidade foi acuada por metralhadoras. Enraivecido, Chips atacou a trincheira e, apesar de levar diversos tiros, deu a seus ocupantes uma severa surra que os forçou à rendição.

A coragem garantiu a Chips um encontro com o comandante supremo dos Aliados, Dwight David Eisenhower, bem como uma Estrela de Prata e um Coração Púrpura. O exército dos Estados Unidos

mais tarde revogou ambas as condecorações, temendo que dá-las a um cachorro fosse considerado uma afronta aos soldados humanos. Chips não
reclamou, mas é de duvidar que os homens de sua
unidade, alguns dos quais não teriam sobrevivido
à guerra sem sua vigilância, concordassem com a
revogação.

PÉRITAS
O CACHORRO QUE SALVOU ALEXANDRE, O GRANDE

Nenhum dos grandes comandantes militares da história pode igualar as realizações de Alexandre, o Grande. Nascido no ano 356 a.C. na pequena nação da Macedônia, ele liderou seu minúsculo exército em uma missão épica de conquista global, forjando o maior império que o mundo já vira, antes de morrer com a idade de 32 anos.

Sua maior conquista foi subjugar o Império Persa, a única superpotência do mundo antigo. Na batalha de Gaugamela, Alexandre fez os persas baterem em retirada, liderando pessoalmente a cavalaria à frente de suas fileiras, diretamente contra seu rei, Dario. A manobra extremamente arriscada lhe valeu glória eterna – mas poderia ter custado sua vida facilmente. Dizem que, em determinado momento durante o massacre, um elefante de guerra atacou Alexandre, que foi pego de surpresa e quase caiu. Mas, no último momento, seu enorme cão, Péritas, atacou o elefante, mordeu seu lábio inferior e ali se segurou. O ataque deu a Alexandre tempo suficiente para escapar.

Péritas não teve tanta sorte. Depois da batalha, os macedônios recuperaram seu corpo e deram ao cachorro um funeral com honras de chefe de Estado. Alexandre deu a uma cidade o nome do cachorro, a quem ele devia sua vida e seu império.

SMOKIE
A MENOR CADELA DE GUERRA

Smokie, uma yorkshire terrier que pesava apenas 2 kg, foi a menor cadela – provavelmente a menor *qualquer coisa* – a servir no Pacífico durante a Segunda Guerra Mundial.

Sua carreira militar começou quando um soldado americano a encontrou, abandonada num buraco na ilha de Nova Guiné. Seu salvador deu-a a outro soldado, que a vendeu para um membro da Força Aérea dos Estados Unidos, William A. Wynne, pelo equivalente a cerca de seis dólares e meio. Smokie ficou com Wynne daí em diante, voando em doze missões de combate com o 26º esquadrão de reconhecimento fotográfico da Força Aérea. Durante a batalha pelas Filipinas, ela até mesmo arrastou um cabo de comunicação por 21 metros por um cano de apenas 20 cm de diâmetro sob a pista de um aeroporto.

Depois que a revista *Yank* chamou Smokie de "o melhor mascote no Pacífico Sul", ela começou a fazer visitas para levantar o moral dos soldados em hospitais. Continuou alegrando veteranos doentes até sua morte, em 1957. Hoje, existe um monumento às grandes realizações da cadelinha em Cleveland.

BARRY
O MAIOR DE TODOS OS SÃO BERNARDOS

Há centenas de anos, os monges têm mantido um ponto de parada para viajantes no inóspito Grande Passo de São Bernardo, a quase 2.500 metros de altitude, uma traiçoeira trilha alpina que liga a Itália à Suíça. Estabelecido no século XI por Bernard de Menthon, os monges cuidam dos viajantes que se veem em dificuldades quando tentam enfrentar a rota geralmente congelada, normalmente bloqueada pela neve e sempre com perigo de avalanches. Durante o século XVIII eles desenvolveram uma corporação especial de corpulentos cães de montanha para ajudá-los – uma raça que hoje conhecemos como são bernardo. Esses cães já salvaram a vida de mais de dois mil viajantes, escavando e puxando-os para fora de avalanches ou guiando-os em nevascas.

Mas os grandes e desengonçados cães nem sempre foram conhecidos por esse nome. Graças às realizações de um deles em particular – talvez o mais famoso cão de resgate de todos os tempos, a raça foi por um tempo chamada de Barry Dog.

O célebre Barry trabalhou na alta passagem montanhosa de 1800 a 1810, salvando 40 viajantes da morte no gelo. Curiosamente, a lenda conta que o heroico cão morreu nas mãos de sua quadragésima primeira tentativa de resgate – um soldado perdido em uma tempestade de neve que não conseguia enxergá-lo e que esfaqueou a enorme criatura que se aproximava dele, pensando ser um lobo. Existe até um monumento erguido à memória de Barry, em Paris, que traz a inscrição: "Ele salvou a vida de 40 pessoas. Foi morto pela 41ª".

Felizmente, essa história é um mito. Na verdade, Barry foi levado para a capital suíça, Berna, em 1810, onde passou dois anos aproveitando a aposentadoria antes de falecer pacificamente, com a idade de quatorze anos. Os restos mortais de Barry ainda estão em exposição na entrada principal do Museu de História Natural de Berna. Seu corpo atlético e musculoso com pelo curto não se parece muito com o são bernardo típico de hoje. Mas isso é de esperar. Em sua época, os cachorros que atuavam nessa linha de trabalho eram julgados pelo que podiam fazer, e não pela aparência.

A antiga estação de passagem de São Bernardo continua a cultuar a memória de seu mais famoso guardião, mantendo sempre um cachorro chamado Barry. E a versão mais "excitante" da morte de Barry – que ele teria sido morto por um homem que desejava salvar – recusa-se a descansar em paz.

JACK

O CÃO DO EXÉRCITO QUE ERA TÃO VALIOSO
QUANTO UM SER HUMANO

Durante a Guerra Civil norte-americana, um bull terrier branco e marrom chamado Jack serviu como mascote para a 102ª Divisão de Infantaria da Pensilvânia. O fiel cão seguiu sua unidade por muitas batalhas sangrentas, incluindo Spotsylvania e o cerco de Petersburg. Seus companheiros humanos diziam que Jack obedecia apenas aos comandos dos homens de sua própria unidade e podia entender os diferentes toques de corneta usados para chamar as tropas. Durante os conflitos, Jack altruisticamente se arriscava sob o fogo inimigo e, depois das batalhas, procurava os homens feridos de seu regimento e pedia ajuda.

Ele se expôs demais às armas inimigas. Foi seriamente ferido durante uma batalha e escapou da morte por pouco; soldados confederados o capturaram duas vezes. Por incrível que pareça, quando foi capturado pela segunda vez, seus companheiros humanos ofereceram um prisioneiro em troca dele. Os oponentes concordaram com a oferta, e um soldado da infantaria confederada foi realmente trocado pelo cachorro. Para honrar seus feitos, os homens da 102ª Divisão deram a Jack uma coleira de prata, mas pouco depois disso ele desapareceu. Seus desolados amigos soldados concluíram que fora provavelmente roubado, juntamente com sua brilhante e nova coleira.

FLOSSIE
A PROPRIETÁRIA DA CASA DE CACHORRO
MAIS CARA DO MUNDO

Todos os cachorros merecem recompensas pelo bom comportamento. Mas, quando sua conduta é realmente exemplar – e seus agradecidos donos são muito, muito ricos –, a recompensa pode ser bem mais substancial que um osso ou um carinho na cabeça.

Consideremos a história de ascensão à riqueza de Flossie, mestiça de labrador que passou os primeiros anos como cachorra abandonada, vagando pelas ruas de Pasadena, na Califórnia. Em um dia de sorte, ela encontrou a atriz Drew Barrymore. Drew se apaixonou pela gigantesca cadela e a levou para morar com ela em sua casa em Beverly Hills.

Mas o que começou como a história de Cinderela logo se tornou um conto de aventura. Na noite de 18 de fevereiro de 2001, Barrimore e seu então noivo, Tom Green, foram acordados às 3 da manhã por Flossie, que fazia um barulho enorme do lado de fora de sua suíte master. Ela "literalmente bateu na porta do quarto", disse o porta-voz do casal à imprensa. "Flossie foi realmente o principal alarme de que havia fogo".

Os sessenta homens do Corpo de Bombeiros de Los Angeles levaram mais de uma hora para extinguir aquele inferno. O incêndio consumiu a residência de 325 metros quadrados de Drew, causando prejuízos de cerca de 700 mil dólares. Mas as coisas poderiam ter sido muito piores. Se Flossie não tivesse ativado seu "lado Lassie" e salvado o dia, os ocupantes da casa poderiam não ter acordado a tempo de escapar. Graças ao alarme de incêndio de quatro patas, Drew e Tom saíram dali, assim como Flossie e outros dois cachorros. "Estamos ótimos", disse Drew aos repórteres no local.

"A não ser pelo fato de que a casa queimou toda", acrescentou Tom.

Flossie ganhou sua recompensa cerca de dois anos mais tarde, depois que a casa destruída pelo fogo foi restaurada em sua antiga glória. Barrymore decidiu mostrar sua gratidão à amiga peluda e salvadora pessoal dando à cadela o título de propriedade da recém-reformada casa de 3 milhões de dólares. "Drew e Tom amam aquela cachorra mais que qualquer coisa no mundo", disse um amigo da família à imprensa. "Eles queriam ter certeza de que ela sempre teria um teto sobre sua cabeça". Com encanamento interno, aquecimento central e uma equipe de prontidão, é claro.

GINNY
A CADELA QUE SE TORNOU UM GATO HONORÁRIO

Em teoria, os cães são inimigos mortais dos gatos. Mas a verdadeira natureza do relacionamento entre eles é muito mais complicada do que isso. Enquanto o típico beagle ou o jack russel terrier gostam de perseguir um gato azarado pelo quintal da frente, nem todos os cães veem os gatos como um aborrecimento ou como oponentes para intimidar. Alguns na verdade os veem como amigos.

O mais famoso dos cães amantes de gatos foi uma cachorra mestiça de Nova York, chamada Ginny. Chamada por alguns de a "Madre Teresa dos Gatos", ela salvou cerca de 900 deles da morte, de doenças e da fome durante seus dezessete anos de vida.

Sua história começou quando foi adotada de um abrigo em Long Beach, Nova York, pelo operário da construção civil Philip Gonzalez. Embora originalmente ele desejasse um pinscher, a mistura desengonçada e decididamente curiosa de schnauzer com husky siberiano chamou sua atenção – e ganhou seu coração. Como se descobriu depois, a aparência de Ginny não era a única coisa estranha.

Ela amava gatos, e os gatos a amavam. Ela os adorava tanto que começou a procurar felinos em perigo. "Eu não a treinei", disse Gonzalez à imprensa. "Ginny era simplesmente mágica de certa forma... Ela tinha um certo jeito de saber quando um gato estava com problemas".

Em um de seus primeiros resgates, Ginny encontrou cinco filhotes de gato presos dentro de um cano em uma construção. Ela socorreu gatos em lixeiras, becos e carros abandonados. Uma vez achou um gatinho no fundo de uma caixa de vidro quebrado. Logo Gonzalez estava cuidando (e arcando com os custos) de uma interminável procissão de felinos abandonados. Mas Ginny ajudava com as finanças também – ela serviu de inspiração para dois *best-sellers*, *The Dog Who Rescues Cats* e *The Blessing of the Animals*.

Ginny continuou com sua exclusiva vocação até a morte, em 25 de agosto de 2005. Depois de seu falecimento, ela recebeu um elogio fúnebre no reputado Westchester Cat Show – o mesmo programa que tinha conferido a ela uma honra sem precedentes em 1998, quando a cadela que amava os felinos foi nomeada Gato do Ano.

OUTROS CÃES DE DESTAQUE

MANCS: um cão húngaro de resgate de terremotos que ganhou fama mundial em 1999 por encontrar uma garota turca de três anos de idade que ficara presa por oitenta e duas horas embaixo de um prédio que desabou.

JUST NUISANCE: dogue alemão que, em agosto de 1939, se tornou o único cachorro a se alistar oficialmente na Marinha Real Britânica. Residente na Base da Marinha Real em Simon's Town, perto da Cidade do Cabo, na África do Sul, ele tinha o hábito de viajar de trem com seus amigos marinheiros. Quando as autoridades ferroviárias reclamaram, os oficiais da base o alistaram na Marinha – porque os marinheiros podiam andar de trem de graça.

LA DIABLE: cão francês que usava um casaco de pele falsa para passar contrabando pela fronteira durante a Revolução Francesa.

O MASTIFF DE SIR PEERS: cadela de guerra que protegeu seu senhor durante horas depois de ele ter sido ferido durante a batalha de Agincourt. Seus descendentes ajudaram a formar a raça mastiff moderna.

BRIAN: pastor alemão ligado ao 13º Batalhão da Divisão Aerotransportada da Grã-Bretanha, pulou de paraquedas na Normandia junto com sua unidade no começo do Dia D.

Este livro foi impresso
pela RR Donnelley
para a Editora Prumo Ltda.